Takafumi Murakami

THE SUSTAINABLE OF CAPITALISM

サステナブル資本主義

5%の「考える消費」が社会を変える

村上誠典

祥伝社

はじめに

このままではいけない、どうにかしなければならない。この本を手に取ってくれたあなたは、きっとそんな思いを抱えている方だと思います。私自身もその一人で、現状をどうにか変革しなければならない、という危機感を人一倍強く感じています。

私は宇宙科学研究所（現ＪＡＸＡ）で宇宙工学の研究者として活動した後、外資系投資銀行のゴールドマン・サックスでＭ＆Ａ（企業の合併・買収）バンカーとして働いてきました。現在は、スタートアップの投資・経営に関わっています。

宇宙工学の研究では、予算を獲得できなければやりたいプロジェクトもできない、ビジネスでないが故の制約を身をもって知り、バンカーでは、日本にはいい技術があるのに、技術や過去の強みに捕らわれ、経営がそれを活かしきれていない実態を知りました。

現在は、そのような問題を解消すべくスタートアップの投資・経営にコミットしています。一見、バラバラなように見える私のキャリアですが、未来社会を創造し、よりよい社会の実現にテクノロジーやファイナンスを活用するという点で一致しています。

世界が持続可能な社会を求めるように、私も、未来志向で持続可能な社会、未来世代に引き継ぐ産業創出を実現したいと思うようになりました。ただ、そのような未来を実現するのはそう簡単ではありません。

その根本原因の一つとなっているのが、古いルールである「資本主義」による支配です。どうやったら幸せになれるのか。どうやったら社会課題を解決し、持続可能な社会が訪れるのか、どうやったら日本がリーダーになれるのか。

それは、既存の資本主義の功罪を理解し、新しい資本主義の形を皆で求めていくことだと思います。

持続可能な社会の実現が叫ばれていますが、まだその解決策は見えてきません。政府や企業、社会活動家、起業家、意識が高い消費者などこの問題に関心が高い人は一定数いますが、それぞれがそれぞれの視点から問題意識を抱えており、何が問題なのか答えが示されてないように思います。

「資本主義を民主化しよう」「持続可能な社会を実現しよう」というのは、日本にもってこいのテーマです。民主化といっても、大多数が賛同する必要はありません。政治との違いはここにあります。政治は、大多数が本当に変革を求めるようにならないと変わりません。

一方、経済の世界は、五％が変われば変わります。少数の支配者に対抗する人が少人数であっても、後にものすごく大きな力になる。一人一人の行動が、既存の資本主義を変え、持続可能な未来を形づくっていくのです。

未来をつくるには、未来世代へどんどんバトンを繋いでいくことが不可欠です。持続性とはそういうことではないでしょうか。

イノベーションの世界ではインターネットが普及し、ハードウェア主体だった二十世紀から、ソフトウェアやＡＩ（人工知能）、通信が一気に発展し、新たな社会変革のうねりが起きています。いかにテクノロジーを社会実装していくかといううねりです。

同じように金融の世界でも、新たな変革の必要性が叫ばれています。両者の根底にあるのが、このままの資本主義で良いのかということです。

イノベーションと資本主義の変革の必要性がここまで叫ばれる時代は、このままだと人類の存続が不可能だという意味でも、もう最初で最後かもしれません。

宇宙工学の研究というキャリア以後二十年間あまり、私のキャリアは「持続可能性」の追求と常に隣り合わせだったように思います。

宇宙開発は地球や人類を超越した未来のための開発であり、それを現代社会と結び付けるものでした。M&Aバンカーは企業が持続的に事業継続をすることで企業価値の向上を支える仕事でした。

現在の私は日々、スタートアップをはじめとし、数々の企業の経営陣から相談を受けています。そこから感じるのは、彼らは持続可能な社会の実現に向けて尽力したいという思いをそれぞれ持っているということです。彼らはまさに未来を創造する担い手であり、未来や人類のための価値創造に関わる仕事です。

しかし、実際に持続可能な社会の実現に向けて尽力しようとすると、ほとんどの場合が何をどうすればいいかが見出せず、見出せたとしても短期的に利益を創出しなければならない資本主義のジレンマによって、大胆な意思決定を阻害し、身動きがとれなくなってしまいます。

本書では、既存の資本主義の問題点と、それに代わる新たな資本主義を「サステナブル資本主義」と名付け、国、大企業、スタートアップ、個人それぞれでどうすれば実現可能かの道筋も含めて考えをまとめました。

企業価値の向上と持続可能な社会に向けての課題解決は両立し得るものなのです。本書では、何がその足枷となっているのか、どのようにすればその両方を実現できるのかについて、私の考えを示しました。

序章では、近年日本でも注目されるようになったステークホルダー主義や、ESGやSDGSを対象にした数千兆円の投資マネーが行き場を定めかねている実情を解説しています。何がどのような形で持続不可能なのかを理解するための補助線にしていただけたら幸いです。

一章では、既存の資本主義における富の創出メカニズムを紹介しています。資本主義とイノベーションは、物理法則のように決められた法則に沿って動いています。圧倒的な資金力と技術力を得た投資家や企業の富や競争力は維持されやすく、大きな格差を生み出しています。

二章では、地球を一つの株式会社と想定して、現在私たちが直面している状況を説明しています。現状は、一般企業で言えば不正会計を行なっている状況です。この状況を把握すれば、ＥＳＧやＳＤＧｓを達成するだけでは不十分だということを共有できると思います。

さらに、既存の資本主義では見落とされてしまう「社会的コスト」についても詳しく検証しています。メルカリなど近年飛躍的な成長を遂げた企業や、現在私が投資を行なっているスタートアップ各社、ソニーなどの実例を挙げながら、紹介しています。

三章では、「投資家」の存在だけでは、持続可能な社会は実現し得ない旨と、それを打破するために必要な行動について、私の考えを示しました。私たち一人ひとりがどのようにすれば投資家マインドを育むことができるのかということについて、詳しく紹介しています。

また、より大きな資金調達を可能にする価値創造のフレームワークも紹介しているので、投資家視点を持つための参考になれば幸いです。

労働に関しては、既存の資本主義のもとでは給与が上がらない構造を四象限にわけて可視化させています。持続可能な社会を実現する上で労働とはどうあるべきか、労働賃金の格差是正はいかに可能かを、読者の皆さんと一緒に考えられたらと思っています。

四章では、私たちが直面している、①人口の減少、②高齢化社会、③国際紛争問題、④エネルギー問題、⑤環境問題、⑥食糧問題、⑦貧困問題という七つの大きな社会課題について、それぞれどのような取り組みを行なっていけば良いかを記しています。実はこれらの問題は、既存の資本主義の影響によって生じている側面が多分にあります。各問題について、そのような視点で捉え、解決への道筋を探っていきます。

五章では、日本が世界をリードし、新たな資本主義を実現する可能性について、記しています。日本は資本主義のリーダーでは必ずしもなく、社会課題にあふれています。しかし一見デメリットだらけに思えるこの状況は、実は大いなる利点でもあるのです。

「サステナブル資本主義」を実現できたら、日本は間違いなく世界のリーダーになれると思います。私は夢物語として本書を書いているわけではなく、投資や経営で用いている合理的、現実的な視点から、すべての提言を示しています。

お金を中心とした資本主義から、人と社会を中心とした「サステナブル資本主義」へどのように向かえばよいのか。企業や国は価値を向上させつつ、持続可能性を高めていけるのか。

本書を通じて、一人でも多くの方に個の力の大きさを感じてもらいたいと思っています。

また、未来に対する可能性を実感してもらうことで、現世代だけでなく未来世代にとっても大切な「サステナブル資本主義」を一緒に叶えていければと思います。

さぁ、「サステナブル資本主義」の扉を一緒に開いていきましょう。

二〇二一年九月

村上誠典

サステナブル資本主義　5%の「考える消費」が社会を変える——目次

はじめに　2

序章　持続可能な社会が簡単ではない理由

宇宙の研究から外資系の投資銀行へ　16
お金にまつわる話が苦手な日本人　19
大量生産、大量消費に違和感を感じるように　21
持続可能な社会への責任が問われる時代　23
カネ余りが世界の投資家の課題になっている　27

第一章　世界的なカネ余りを生む資本主義の限界

富は株式投資によってもたらされている　32
M&Aを通じてお金が投資家に集まる　34
企業が稼いだお金は投資家に還元される　37
投資によりお金が人よりも稼ぐ時代に　40
新たな価値創造へ舵を切るのが難しい理由　44

資本主義はどのように生まれたか？　47
大きな資金を扱う投資家が生まれた背景　49
流動性と第三者の売買で、資本市場が発展する　51
原材料費、人件費の安さに恩恵を受けている　53
大量生産、大量消費を加速させた資本主義　55

第二章　借金まみれの㈱地球。資本主義を再定義する

地球を一つの株式会社と考える　62
一部の人に支配されている㈱地球　64
借金まみれの㈱地球　67
ゴルフ場開発に見る、資本主義の矛盾　70
人的資本経営が注目される理由　72
長期的な視点で資本主義を再定義する　75
サステナブル資本主義に必要な三つの視点　76
不完全なサービスから始まったYouTube　82
メルカリ、ＬＩＮＥ……シンプルさがユーザーの熱量を捉える　84
Netflixが拡大した背景　86

環境問題、格差問題……ウラにある社会的コスト 91
ディーゼル車とEVから考える社会的コスト 93
持続可能な社会を実現するのはお金より人 99
「なぜ?」を企業価値と結びつけるソニー 101
リターンドリブンからミッションドリブンへ 104
ユーザーとオーナーの共感ビジネスの例、Airbnb 110
スタートアップが数%しか生き残れない理由 112
クラウド、物流……ユーザーが拡大させるサービス 117

第三章 投資家マインドの消費が未来をつくる

消費者∨労働者∨投資家 124
投資家ではなく消費者が世界を変える 127
メルカリとTeslaに見る、消費者の力 132
消費者の共感により大型資金が調達できた例 134
コロナ禍で業績を伸ばした業界、株価の変動でわかること 140
投資家マインドを育む三つの方法 143
投資家マインドで消費する 144

考える消費、良い消費と悪い消費　147
貴重な人生の大半を費やす労働　151
会社は、企業は誰のためにある？　153
求められるリスクテイクとコミュニケーション　155
投資家マインドで働く場所を選ぶ　157
インセンティブ構造を打破するには　161
給与が上がらない構造を可視化する　165
スタートアップに必要な四つの価値創造　169
商品の価格はどのように決まるか　171
創業者が果たす役割　174
適切な分配とは何か、資本主義が抱える命題　176

第四章　資本主義が抱える七つの課題

人口の減少、高齢化社会でどうなる？　180
国際紛争の背景に資本主義　187
環境問題、エネルギー戦略　189
資本主義が生んだ食糧、貧困問題　192

第五章　日本は世界のリーダーになれる

世界のリーダーになるために　200
iPhoneが最も普及した裕福で豊かな国　203
社会課題、様々な価値に気づくための教育　205
外国人が働きたい国になる　208
労働賃金を引き上げる方法　213
時間をかけ粘ることも必要　219
株主至上主義的な考え方で手放されたもの　221
国や企業が意思決定できる状況を生み出す　224
国が主導して市場を生み出す　227
サステナブル資本主義における国家の役割　231
日本はサステナブル資本主義のリーダーになれる　236

装丁・本文デザイン　秦 浩司
編集協力　代 麻理子
ＤＴＰ　キャップス

序章

持続可能な社会が簡単ではない理由

宇宙の研究から外資系の投資銀行へ

私は、宇宙工学の研究者として技術や宇宙という、未来や未知に興味を抱いていた若者の一人でした。

幸運にも大学で小型衛星開発に関わる機会を得て、その後「宇宙科学研究所（現ＪＡＸＡ：宇宙航空研究開発機構）」にて川口淳一郎先生の元で勉強し、研究をしていました。先生が、「はやぶさ」などの深宇宙探査のプロジェクトを実現させるために、文部科学省などに出向き、予算取りに多くの時間を割いているのを見てきました。

また、国際学会に行った際は、アメリカの論文発表者が扱うプロジェクトの規模にうらやましさを感じることも度々で、国のコミットメントや資金力の違いによるなんとも言い難い差を肌で感じていたのです。日本との違いを見るにつけ、研究者として単に優れた技術や研究をしているだけでよいのだろうかと考えるようになりました。

国力や研究対ビジネス、研究対国防といった乗り越えがたい壁を感じざるを得なかったように記憶しています。

技術だけではいけない。ビジネスやグローバル、そして何をやるにもお金は切っても切り離せないものだと思うようになり、当時は門外漢であったグローバルビジネスの世界に飛び込むことを決めたのでした。

そこでお世話になったのが、当時世界最強の投資銀行として日本市場でも頭角を現し始めていたゴールドマン・サックスです。

ビジネスの世界に飛び込んだ私は、ゴールドマン・サックスの投資銀行部門で、国内外のグローバルなテクノロジー企業や、海外の大企業やスタートアップ（新しいビジネスモデルによる新興企業）に触れて経営の議論を重ね、資金調達や自社株買い、「モノ言う株主（アクティビスト）」に対する防衛、買収や合併など、様々な経営判断の支援や助言を行ない、また時に投資を実行してきました。

ゴールドマン・サックスでの私は、M&A（企業の合併・買収）グループと「TMT」（通信・メディア・テクノロジー）と呼ばれるテクノロジー企業を担当するグループを兼務していました。

ITソフトウェア業界を担当する立場であったため、リーマンショックによる金融危機や東日本大震災を経て、再び日本が再成長を目指そうとしていた頃、世界で「GAFAM（Google/Apple/Facebook/Amazon/Microsoftという世界巨大IT企業の頭文字をとった総称）」を筆頭とした新興テクノロジー企業が急速に勢いを増すのを担当者として肌で感じていました。

大企業の閉塞感と海外の新興テクノロジー企業のダイナミズムの両方を同時に感じる中、今後の未来社会をつくるのは若者世代であり、新しい産業であるとの思いを強くしました。既に出来上がった凝り固まったものを変革するのではなく、新たなカルチャーや組織、ガバナンス（企業統治）、資本政策を閉塞感にとらわれることなくゼロイチから新しい日本のスタンダードをつくっていくことが近道であると考え、心血を注ぐようになったのです。

今も私はそれを「ミッション」として活動しており、起業し現在経営している会社、シニフィアンにおいてもそのミッションのもと、上場・未上場スタートアップの経営へのエンゲイジメント（伴走）や、時に投資を通じて、新しい未来を創る一助になろうと日々多くの若手経営者と熱い議論を重ねています。

ビジネスの世界に飛び込んで二十年足らずの間にM&Aや投資という枠組みを通じて多くの失敗と成功を見てきました。その経験から、資本主義の課題と、持続可能な未来を生み出していくために、どのように資本主義をアップデートしていく必要があるかを、本書を通じて皆さんと考えてみたいと思っています。

お金にまつわる話が苦手な日本人

日本人は世界的に見て、金融リテラシー（理解・活用力）が低いことが度々指摘されています。個人資産はほとんど銀行預金で、大して運用もされていないことはこの十年間で度々指摘され、ＮＩＳＡ（少額投資非課税制度）やｉＤｅＣｏ（個人型確定拠出年金）など資産運用を促進するような施策が多く実施されています。

他方、海外では株式投資を中心とした資産運用が当たり前で、日本はその点においては明確な後進国です。

また、ファイナンス（企業価値の最大化を目指し、財務数値等を活用し、未来の企業経営を考えること）の知識を有した人材が極めて少なく、ビジネスを「売上」という損益計算書（ＰＬ）や、「プロダクト」というアイデアや技術で評価する傾向が強く、ファイナンスや経営を軸に価値提供を行なう投資銀行のようなビジネスが国内に根付くのが、長らく妨げられてきたように思います。

近年、上場会社はコーポレートガバナンス（企業統治）の強化の必要性が叫ばれるようになりました。その流れを受けて、日本でも徐々に株主を意識した経営の重要性が理解されつつあります。

同時に、世界の潮流であるステークホルダー（利害関係者）全体を意識した経営にも目が向けられるようになりました。

ただ、会社の存在意義（パーパス）やファイナンス、資本主義といったお金にまつわる基本的なことを学ぶ場が限られているため、資産運用一つとってもお金にまつわる話はどうも苦手な国になってしまっているのが実態のように思います。

私は、日本人はもっとお金や投資に詳しくなったほうが良いと考えています。ファイナンスや資本市場、資本主義に対して興味がなかったり、苦手意識を持ったりする方が多くいます。私自身も昔は全く畑違いのことをしていたため、知識も経験もゼロでした。必要だということが全く理解できていなかったのです。

しかし現実として、個人レベルで資本主義を理解し、ファイナンスや投資の考え方を活用し、ライフプランニングを行なっていくことの意義や重要性は高まってきています。私自身、宇宙開発という畑違いの門外漢から、ファイナンスや資本主義の世界の飛び込んだ身としては、テクノロジーを理解することと同じか、それ以上にお金や資本主義のことを理解しておく意義を実感として強く感じているのです。

本書で私が提唱している「サステナブル資本主義」を社会実装していくためには、一人ひとりが単にお金を稼ぎ消費するだけに留まるのではなく、投資や資産性、時間的価値を伴わない短期のフローベース（一定期間の流量）の時間とお金の使い方から脱却していくことも重要になってきます。

大量生産、大量消費に違和感を感じるように

一九七〇年代生まれの私にとって、この四十数年を総括する言葉は色々とありますが、一つは「大量消費」の時代であったということだと思います。

高度経済成長期前は「モノ」は大変貴重でした。しかし、私が生まれた頃を境に「モノ」よりも「お金」が重要になったように感じています。

「モノ」はコモディティ化（一般的になり競争優位性に繋がらない）し、大量に生産され、大量に廃棄され、大量に消費されるということが当たり前の時代の幕開けだったのだと思います。「大量消費」という価値観は今も脈々と幅を利《き》かせている時代が続いています。

「お金」で「モノ」がなんでも買えてしまうことで、「モノ」という価値ある存在が、「お金」という価値に置き換わりました。元々通貨は、「モノ」との等価性により利便性を提供していたわけですが、いつのまにか利便性を超えて「モノ」の価値を規定してしまう存在

として、人の心に無意識に浸透していったのです。

本来、「モノ」やそこから生み出される経験には多様な価値観があるはずです。にもかかわらず、「お金」という単一の基準で、さもそれが当然かのように、資本主義がその価値観を支配してしまったのです。資本主義のルールにより規定された価値を唯一の価値として受け入れてしまっている状況なのです。

企業経営の観点で見れば、資本主義の仕組みが「大量消費」を前提とした戦略を後押ししたと思います。「モノ」がない時代には大量に生産することで原価を低減し、コスト競争力を武器に大量に販売することで利益を生み出そうとしたのです。

この仕組みは一定の再現性があったため、資本主義の仕組みを通じて多くのお金が流れ、一九八〇年代の「Japan as No.1」や「Made in Japan」と言われた時代までは最も成功した企業経営のモデルとなっていました。

近年、この違和感にようやく多くの人が気づき始めたことも、「持続可能な社会」を目指すことになったきっかけだと思います。

私よりも上の世代は皆、「大量消費」が当たり前の時代です。世代ごとに価値観が異なるのは当然です。一つ前向きなデータがあるとすると、それは人口構成比です。

今、世界の四十四歳以下の人口は七〇%を占めています（二〇一九年、国連推計）。最も高齢化が進んでいる日本ですら、四十四歳以下の人口は四四％を占めています（二〇二一年七月、概算数、総務省）。

つまり、あと十年もすれば「大量消費」後の世代が過半数を占める時代がやってくるということです。大量消費に違和感を持つ世代が過半数を占めることは「サステナブル資本主義」が浸透する上で大きな原動力となると考えています。

持続可能な社会への責任が問われる時代

日々の生活で手一杯の時代では、その日暮らしで先のことを考える余裕はなかったでしょう。日本は高度経済成長期を経て、徐々に将来のことを考えられる豊かさを多くの国民が手に入れました。

そして、「いい学校に進学しよう」「いい会社に就職しよう」と考える人が増え、昨今はそこから一歩前進し、子供や孫世代のためにとどんどん未来世代のことを考えるようになってきているように思います。

資本主義によってもたらされた豊かさが、人々を課題に向き合わせる原動力になっているように思います。

事実、私の周りでも社会的に成功し、一定の豊かさを手に入れた人ほど、社会課題への関心が高く、未来に対する危惧を原動力に行動をしているように感じます。また、サステナビリティの議論を先導しているのは、欧州を中心とした欧米の先進国、また投資家や企業経営者である実態とも重なります。

自分のことで精一杯、家族のことで精一杯の時代から、チームのため、企業のため、地域のため、国のためと考えられる層が増えてきています。ステークホルダーとして捉える範囲が広がりを見せてきたのです。

個人は心と生活に余裕が出てくることで自分の身の周りだけではなく社会を意識し、それぞれがより広いステークホルダーのことを考えられるようになっていくのです。

その観点で、Microsoftの創業者であるビル・ゲイツは、世界のロールモデルであり、カリスマの代表的な一人だと思います。

一企業単位で見ても同じです。事業の競争力がある優良企業ほど、株主だけではなく従業員を含め幅広いステークホルダーのことを意識した経営を行なっていると思います。

日本の大企業ではソニー、花王、新興企業でもメルカリなどをはじめとし、短期的な利益ではなく、ステークホルダー価値を意識した経営方針を掲げる企業は徐々に増えてきています。

欧米では当たり前とされてきた株主主義が、日本では当たり前ではありませんでした。そんな中、二〇〇〇年代前半においては日本でもアクティビズム（株主が企業に対して経営改善を促す意見を発すること）が台頭しました。

「持続的な成長戦略が描けないのであれば、株主に還元すべき」という議論により、ステークホルダーとしての株主が強く意識されるようになりました。

同時に、株主とは何か、会社とは何か、上場している意義とは何か、という資本主義の原則に関わる議論が社会的にもなされるようになりました。

現在では、世界の潮流は「あらゆるステークホルダーのために企業は存在している」というステークホルダー主義、つまり企業の存在価値が何であるのかを問う時代へと進化してきています。

日本は元々ステークホルダーの意識が低いため、株主主義すらまだ道半ばの状況ではありますが、この世界のステークホルダー主義の潮流を意識する企業も大企業やスタートアップで徐々に増えてきています。

ステークホルダー主義への変化がもたらす影響の大きさは計り知れません。ただ、まだ社会はこの方向性に向けて進み出したばかりで、大きな成功事例や明確な答えを見つけられていない状況だと思います。

私は、その答えを資本主義の再定義である、人中心の「サステナブル資本主義」に見出しています。なぜなら、ステークホルダーとは突き詰めれば、人であり、人が暮らす社会そのものであるからです。

持続可能な社会の実現に向けて、お金を中心とした資本主義は、人と社会を中心とした「サステナブル資本主義」へ向かっていく必要があると思います。

私のキャリアを通じて一貫して手がけていることは三つあります。

一つ目が地球・グローバル視点であること。二つ目がテクノロジーやイノベーションに関わっていること。三つ目がM&Aや投資を通じて企業経営に深く関わっていることです。

現在私は「ベンチャーキャピタル投資（スタートアップと呼ばれる新興企業への投資）」を行なっています。ベンチャーキャピタル投資に加えて、「グロースキャピタル投資」という成長期の未上場企業への投資を行ない、経営に深くエンゲイジメント（関与）しています。

M&Aは異なる企業や事業を精査し、自社に取り込み、新たな組織や資金を通じて価値創造を行なう経営の取り組みです。

グロースキャピタル投資も同じで、企業を精査し、資金提供を行ない、人材、テクノロジー、販売等の戦略投資を通じて、経営として価値創造を行ないます。どちらもファイナンスと経営の視点で企業への働きかけを通じて価値創造を目指す点が共通しています。

カネ余りが世界の投資家の課題になっている

資本主義の歪みを正そうと、「ESG（Environment〈環境〉、Social〈社会〉、Governance〈企業統治〉の頭文字をとった言葉で投資の際に長期的な成長を図るための観点）」や「SDGs（Sustainable Development Goals〈持続可能な開発目標〉）」を意識した投資マネーの動きの変化を通じた社会変革の議論が世界中で進んでいます。

これらの議論は、大学などのアカデミアをはじめ、経済産業省や金融庁、政府機関、企業経営の現場（中でも特にグローバル化を進め、多様なステークホルダーが存在する先進的な企業）でも積極的になされています。

最も活発に議論がなされているのが、機関投資家を中心とした資本市場や金融機関ではないかと思います。

カネ余りを背景に、新たな投資テーマの模索が進んでおり、年金基金の運用など長期投資を前提とする大手機関投資家ほど積極的に、投資リターンの最大化を実現しながらも、社会変革を実現する投資の在り方の模索に取り組んでいます。

私たち全人類に関わる大事な問題であるにもかかわらず、ごく少数の投資家主導で物事が進んでいるのが実態です。

日常的に機関投資家に接する機会がない方には想像がつかないかもしれませんが、ESGやSDGsを対象にしたお金の規模たるや凄まじいものです。何千兆円というお金が、持続可能な社会を目指し、投資という形で後押しされようとしています。

私もこの活動には心から賛同していますし、投資等を通じ、可能な限りできることを積極的にするよう意識して行動しています。

しかし、投資でできることには限界があります。

現実には、その何千兆円ものお金の行き先がまだまだ十分ではありません。「お金を使って社会を変えていく」という活動の実態が不足し、カネ余りの状況を生んでいることが世界中の投資家の大きな課題となっているのです。

今の資本主義のルールのままで、本当に持続可能な社会が実現できるのだろうか、という問いがこの数年で日本でも急激に注目されるようになりました。

その背景には、二〇一五年に国連サミットで採択された「SDGs」に沿って、徐々に政府や金融業界、企業で取り組みが実現化し始め、国際目標の達成目途の二〇三〇年まであと十年を切ったことが影響しているでしょう。

目標達成期限が迫るにもかかわらず、ようやく本格的な注目を今集めているということは、決して簡単には達成できないという実感を、私たちは当然のように抱いているのではないでしょうか。

本書では、なぜこのまま資本主義のルールを前提にしていては、持続可能な社会の実現が不安視されるのか、について触れていきます。

そして、大変野心的な取り組みではありますが、どうすれば持続可能な社会が実現できるのかについても、国内外の数多くの経営や事業の失敗事例、成功事例を見てきた経験や、資本市場、労働市場、消費市場という三つの市場をファイナンスの専門家、投資家、経営者の立場で市場分析や仮説検証してきた経験から見出した枠組みで考えてみます。

お金に支配された社会ではなく、人が中心となる社会。その新しい資本主義の姿を本書では「サステナブル資本主義」と名付けています。

本書を通じて、一人でも多くの方に個の力の大きさと、未来に対する可能性を実感してもらうことで、現役世代だけではなく未来世代にとっても大切な「持続可能な社会」の実現について、一緒に考えていけたらと思います。

今後、世界の人口増加は終わり、新たな世代が大多数を占めるようになると、徐々に地球から貧困が消え、豊かさが充満していく社会が到来するかもしれません。

既存の資本主義を当たり前に捉え、他人事とするのではなく、自分事として向き合い、新たな「サステナブル資本主義」を実現していくことができれば、何も恐れることはありません。社会は投資家がつくるのではなく、私たち一人ひとりがつくっていくものなのですから。

第一章

世界的なカネ余りを生む資本主義の限界

富は株式投資によってもたらされている

現在、世の中にはお金が余っています。おそらく多くの方がその実感を持てないのではないでしょうか。

日本においては、給与所得は大きく上昇しているわけではないからです。日々の生活の中でお金が余っているという実感がわかないのも無理はありません。しかし、世界では実際にお金は余っているのです。

資本主義において、近年明らかになってきている法則があります。フランスの経済学者、トマ・ピケティが発表した、「r＞g」という法則です。

資本によるリターン「r」は、実体経済の成長率「g」を上回ることを示した不等式で、簡単に言うと、資本成長率が経済成長率を上回るというものです。つまり、お金を持つ者はさらに富を得、持たざる者との格差が広がる、という資本主義の功罪を端的に指摘した式です。

資本主義のルールがより浸透したアメリカでは、お金を現金のまま銀行口座に寝かせておくのはナンセンスで、リターンを生む投資を行なうのは当たり前とされてきました。

この十年ぐらいの間で、日本でも投資を推奨する動きが活発化してきました。具体的には、資金は銀行預金から、株式を中心とした資産に投資して運用することを指します。

今、一定の富を手にした人は、下手《へた》に働くよりも投資することが一番効率的に稼ぐ手段である、という時代がすでに到来しています。手にした金融資産を運用することで、その利回りから得られる所得のほうが、サラリーマンとして得られる給与所得を超えうるからです。

日本人の平均給与は約四〇〇万円とも言われていますが（国税庁「令和元年分民間給与実態統計調査」二〇二一年九月）、今、現金四〇〇〇万円を投資に回し、年利一〇％で運用できたとすると、単純に計算して、平均所得並みの四〇〇万円の運用益が得られることになります。もし八〇〇〇万円あれば、年利五％でも四〇〇万円が投資から得られるわけです。

世の中の多くの富は、投資によってもたらされています。結果、大部分の富をごく少数の成功者が分かち合い、その富が投資によりさらに大きな富を生むという循環を生み出しています。

単にお金儲けのことだけを考えれば、富裕層やお金持ちの成功者は、実際に働くよりも投資ばかりに頭と時間を使うでしょう。では、実体経済や実態社会は、投資だけでより良い方向に向かうのでしょうか。

M&Aを通じてお金が投資家に集まる

「キャッシュ　イズ　キング」。

これは私が「M&Aバンカー（統合や買収といった案件を立案し、企業とともに戦略的意義や対価の妥当性を検証し、案件成立に向けて交渉から資金調達、対外発表まで包括的に支援するアドバイザリーを提供する仕事）」をやっていた際に、昔からよく使われていた格言です。

M&Aの世界では、現金を対価に企業を買い取るということが、最も不確実性を排除でき、売却の判断をする株主や経営陣にとって魅力的な提案であるということを表す言葉です。大阪の商人にも現金を持ち歩き、即決即金を武器に価格交渉をしている人がいますが、それに通じる話です。

「M&Aはイノベーションのために必要だ」「M&Aにはシナジー（相乗効果）がある」など、その意義については様々な解説がされています。

確かにそれは事実ですが、そのリターンが誰に還元されるのかについては話題に上ることが少ないように思います。

短期的には、間違いなく株主に還元されます。現金による買収の場合、企業がこれまで貯めてきた現金や、レバレッジ（てこの原理＝借入金を活用することで少額の資金で大規模な投資等を行ない収益を高めること）をかけて調達した資金、つまり、企業にとって大事なお金はいとも簡単に大型のM&Aを通じて、株主の手に渡っていきます。

企業経営が安定し、競争力のある企業になればなるほど、事業から多額のキャッシュフロー（現金の流れ）を生み出すようになります。実際に、GAFAMなどグローバル大企業のほとんどがそのような財務状況にあります。

つまり、外部から資金調達をすることなく、既存事業から成長が実現できる状況にあるのです。そして、余った資金の大部分が自社株買いかM&Aを通じて、株主に分配されているのです。

M&Aは対象企業株式に対するプレミアム（実際の株価よりも高い価格で買収することがほとんど）を生み出します。M&Aの恩恵を受けるのは株主なのです。

少し不思議に感じる方もいると思いますが、M&Aというイベントが発生するだけで、時価総額という名の株主価値が瞬間的に上昇します。こうやってお金はどんどん増幅していくのです。

株主が恩恵を受けるのは株価の瞬間的上昇だけではありません。M&Aにおいて「シナジー」という言葉を聞いたことがある方も多いと思います。このシナジーもかなりの曲者《くせもの》です。

シナジーは製品販売の拡大やクロスセル（既存顧客に買収対象企業の製品を合わせて販売すること）、規模の経済の獲得によるコスト削減余地など多方面にわたりますが、最も典型的なシナジーに人員の合理化があります。管理部門など、同種の事業であれば重複が多く発生するので、その人員が合理化の対象となるのです。企業規模が大きくなり購買力が高まることで、仕入れ先においても更なる合理化が求められるのです。

結果的に、M&Aを通じて、従業員から株主への価値移転が生じます。株主への富の集中を生み出すメカニズムでもあるのです。

これはなにもM&Aに限った話ではありません。株式市場の参加者が株式市場に対して強気の見方をしていれば、そこに余剰資金が流れます。余剰資金はさらなる株高の源泉でもあるのです。

こうして資本主義というエンジンによって成長を続けるマクロ経済の好調を前提に、お金は増幅を続けるのです。

企業が稼いだお金は投資家に還元される

極めて単純化して言えば、現在、以下のようなことが世界で起きています。

・人口が増加する
・インフラ整備や、商品やサービスの購入量が増加する
・一人当たりの実質ＧＤＰ（国内総生産）が増加する
・企業の売上高、利益が増加し、保有現金が増加する
・株式時価総額が増加する
・投資家のお金が増加する

ポイントは、お金の増加が三つのステージで起きているということです。

三つのステージを説明します。一つ目は、世界的に労働人口が増えることで、労働力を提供する個人に帰属するお金の総和が増える、二つ目は、企業の利益の増加により、企業が保有するお金が増える、三つ目は、企業の利益が増加することによって株価が上昇し、投資家（株主）が保有するお金が増えることです。

経済活動を通じて、お金（＝価値）が増大していくわけですが、個人と企業と投資家の三つに分配されながら増大していくのです。

新興国のような失業率や物価上昇率の高い国で、労働力の対価として個人家計に流れるお金が増えている影響が大きいため、日本では一個人で見た場合にお金が余っているとは感じづらいのですが、企業の保有するお金は着実に増えています。

ただし、それは個人のお金同様に少しずつしか増えません。なぜなら、お金の増加は過去の経済活動の結果だからです。

今後の成長に向けての投資も必要となることに加えて、稼いだ余剰のお金は配当や自社株買い、またM＆Aを通じて投資家に還元されているのが今の資本主義の姿なのです。

少し簡単な事例を見てみましょう。

ある企業の配当利回りを二％としましょう。配当性向（会社が税引後の利益である当期純利益のうち、どれだけを配当金の支払いに向けたかを示す指標）を四〇％とします。ここでは社会全体のお金の価値が下がるインフレは一旦無視します。

企業の売上高が五％増加し、利益が七％増加したとします。利益の方が高い増加率なのは、費用の一部が固定費であることによります。

従業員一人あたりに支払われる給与も増えていないとします。その企業の利益が、一〇〇〇が一〇七〇に増加すると、投資家は配当として四〇%、つまり四二八を得ることになります。配当利回りが二%ですから、株式価値は元の二〇〇〇〇から二一四〇〇に増加することになります。

投資家は配当四二八に加えて、保有する株式価値の増加一四〇〇と合わせて一八二八の価値が増加したことになります。

一方、企業が保有する現金は一〇七〇－四二八で六四二の増加に留まります。企業の現金の増加以上に、企業価値が増加するのはこのようなメカニズムによるものです。

同じ構造は、ＰＥＲ（株価収益率）で株主価値が評価されるメカニズムでも発生していま す。仮に十億円の利益増加により企業側に蓄積される価値は十億円であるにもかかわらず、株主価値（＝時価総額）はＰＥＲが二十倍、四十倍であれば、その倍率分だけ価値が増加するのです。

これが毎年繰り返されているのが資本主義です。ここでは配当で単純化しましたが、企業が手にするお金の価値以上に投資家の株式の保有価値が上昇する仕組みがあるのです。

企業が労働力を購買する資金は年々増加していきますが、それ以上に投資家の保有する資金の方が早いペースで増加します。

配当利回りの事例では約二倍以上、六四二に対して一八二八と増加しています。前提として、給与は増えないとしていますが、企業が従業員に支払う給与の総額を上昇させる、つまり労働分配率を上昇させる場合は、利益額の成長は低下し、株主へのリターンが減少することになります。

個人（労働者）への分配と株主への分配は、価値移転の観点で明確なトレードオフ（二律背反《はいはん》）の関係にあるのです。

このように個人レベルで見れば全くお金に余裕が生じていないように見えて、世界では物凄い勢いでお金が生み出される仕組みが、毎年持続的に機能しているのです。これが資本主義における価値創造の仕組みです。

投資によりお金が人よりも稼ぐ時代に

すでに上場した企業は稼ぐ力を持っていることが一般的です。したがって、多くの場合、事業から稼ぎ出す資金を再投資することで、さらなる成長を目指すことが可能になります。

投資家は、会社に追加出資することなく、すでに持っている株式により、さらに大きな富を得る機会を得るようになりました。これが前述したピケティの「r＞g」の資本収益率です。

こうして資本主義とイノベーションにより二つの大きな力が生まれるようになりました。一つは、GAFAMに代表されるような大手IT企業の登場で、もう一つは世界最大の資産運用会社で九〇〇兆円と言われる資金を運用するBlackRockなど大手資産運用会社の登場です。

企業と投資家が歴史上見たことがないほど、大きな力を持つ時代が到来したのです。これはある意味、当然の方向性です。物理法則のように、資本主義とイノベーションの法則に沿って物事が進んでいるにすぎないのです。投資によりお金が人よりも稼ぐ、という事実が人と社会の格差を拡大させます。

資本主義によるお金の増加が予見可能であるように、近年イノベーションもある程度方向性は予見できることが増えているように思います。まだ証明や実証化できていない理論はあるにせよ、科学的仮説はかなり出てきており、時間とともにそれが証明され、徐々に社会実装されています。もちろん誰がいつどのように社会実装するかまで正確に予見することは困難ですが、大きな方向性は、ある程度予見可能です。

半導体の処理能力の向上が自明であったように、コンピューティングの進化がＡＩやデータによる価値創造の世界を飛躍させました。クラウド化が自明なトレンドであったからこそ、当時からGoogleもAmazonも参入し、巨額の投資を行ないました。自動運転、ロボティクス化、イー・コマース化などは大きな産業になることが期待されていますが、いずれもそういう方向に世界が進むことは随分前から自明だったのです。

だからこそ、近年ＧＡＦＡＭのような資金力と技術力のある企業は、明らかな方向性を意識しつつ、多方面に投資を行なうことで、持続的に競争力を維持できる確率が上昇しているのです。

この持続的に勝ち続けられるという期待値がある企業は、近年これまで以上に資本市場から大きく評価され、株価の大幅な上昇を実現しています。

また、そうした巨大企業は新しいイノベーションのトレンドにおいて、人材、顧客、データなどのあらゆるものをすでに優位的に獲得しているため、競争上極めて有利になるのです。

さらに言えば、万が一イノベーションより変化、発展した市場で競争力を十分に確保できなかった場合でも、例えば、GoogleによるYouTubeの買収、FacebookによるInstagramやWhatAppの買収など、Ｍ＆Ａによって対象企業を買収してしまう選択肢を持っているので、競争力維持の観点ではより盤石《ばんじゃく》なのです。

昨今、利用が拡大していたSlackもMicrosoftと争い、最終的にはSaaS（Softwear as a Service＝サービスとしてのソフトウェア）の世界的大手であるSalesforceが買収しました。一度圧倒的な資金力と技術力を得た企業の競争力は維持されやすいのです。

そうなると、実は投資家はさらに安泰です。そのような候補企業に複数投資することで、さらに富を増やすことが可能なのです。

このような考え方で経営を行なっている代表的な企業が、日本ではソフトバンクであり、世界では一部の勝ち組企業に集中投資を行なうTiger Globalといった長期成長企業に注力した機関投資家が台頭してきています。これは多数の企業ではなく、ごく一部の企業が破壊的な価値をもたらすことを前提としています。だからこそ一部の優良企業に集中的に投資し、かつ長期保有することが最も効果的な投資戦略となり得るのです。

M＆Aで、ある企業を買収した際に、そのリターンが帰属するのも買収した企業である投資家ですが、実際に事業の価値を創出しているのは、そこで働いている人のはずです。

にもかかわらず、資本主義の大原則が「お金で労働力を買う仕組み」であるがゆえに、人材は買われる側であり、大きな資本の前には買い叩かれる存在になりかねないのです。そのようにして、富は投資家に還元されていくのです。

この行きすぎた資本主義の姿に警鐘を鳴らすように、近年ステークホルダー（資本）主義（企業は株主だけでなく従業員やサプライヤー（納入業者）などあらゆるステークホルダーの利益に配慮すべきという考え方。二〇二〇年のダボス会議でも主題となった）が叫ばれるようになり、世界中に広がっています。

この考えは確かに重要ではあるのですが、大きな資本主義とイノベーションのうねりを止められるほどの力になるかは疑問です。

それだけ、資本主義とイノベーションのルールは強力であり、企業の舵取《かじと》りを担う経営陣も厳しい競争と株価下落のプレッシャーと闘いながら、多くのステークホルダーマネジメントを行なうことは簡単ではないからです

新たな価値創造へ舵を切るのが難しい理由

ステークホルダー主義の難しさについて、一つ事例を考えてみましょう。

農業経営を行なっている企業があるとします。生産を安定化させて、より安価な食材を安定供給することで従業員に安定した給与を支払い、株主に安定的なリターンを提供して

いるとします。

しかし、それを実現するために、農薬を大量に投下していたとしたらどうでしょう。環境やその土地を取り囲む地域社会にとっては大きな弊害があり、消費者の健康にも甚大な影響を与えている事例も多数報告されており、ステークホルダーにとって損失を与えていると言えるのではないでしょうか。

しかし、簡単に農薬の使用をやめることもできないというのが現状です。というのも、既存の資本主義が支配する世界では、過酷なほどの競争が待ち構えています。また、人材の雇用も収益モデルもすでに出来上がった仕組みの中で最適化されてしまっています。


資本主義によって事業が拡大するにつれ、企業が商品を製造する場所を選ぶことは、製造現場などがある地域社会にとって甚大な影響を与えるようになります。

例えば、原子力発電所が建設された地域は、巨大な利権がその地域にもたらされる一方で、大きなリスクと裏腹になっていることは東日本大震災等を経て広く世間にも知られることになりました。

電力事業に限らず、多くの大企業の生産現場は特定の地域に依存していることはよくあります。数多くの地方拠点に工場を構えており、その地域に深く根差して事業を展開しています。

事業の競争力が失われてしまうと、それらの工場の存続が難しくなり、工場の閉鎖や事業の売却という、苦しい決断をせざるを得ない状況に陥ってしまうのです。

これはなにも日本に限った話ではなく、産業の発展衰退を繰り返す中で、各地域社会に大きな影響を与えることを歴史的に経験してきました。

一時期、単に安い労働力を求めて、中国やアジアに生産拠点を移すことが当たり前になっていましたが、労働力のコスト優位性が時間とともになくなることを経験する中で、より地域社会と長期的な関係を持って事業運営することの意義にあらためて気がついたのです。

ステークホルダーの重要性について経験と理解が蓄積されてきてもなお、新たな価値創造へ経営の舵を切るのは簡単なことではありません。

一歩間違えば経営不振に陥り、大事なステークホルダーであるはずの従業員を雇用することは難しくなるからです。常に、ステークホルダー間の利害は対立する可能性があるからです。経営とは、厳しい環境におかれつつ難しい利害の調整をしながら、ステークホルダー全体の価値を増大するという難しい判断を担うものなのです。だからこそ、経営は難しいのです。

資本主義はどのように生まれたか？

ここで、資本主義の歴史的経緯について少し触れてみます。資本主義は封建主義の時代の後、十七世紀頃から始まったと言われています。

世界初の株式会社とされているオランダ東インド会社は、一六〇二年に興ったと言われています。

それ以降、資本主義は徐々にその形を固めていきましたが、実体経済には今ほど大きな影響を与えてきませんでした。この後で触れますが、資本主義発展の契機の一つは、資本市場の整備による「流動性」の提供です。

もう一つ先に訪れた明確な変化は、一八〇〇年代初頭に一〇億人を超えたとされる人口です。十八世紀に始まった産業革命を機に、一気に人口爆発を起こしました。

人口爆発は、一人ひとりの経済的な豊かさや、公衆衛生、医療の進化が原因だと様々なところで解説されています。戦後、一九五〇年に二五億人を超えた人口は二〇二一年現在七八億人（国連人口基金「世界人口白書二〇二一」）に達したと言われています。

この人口爆発は、資本主義の仕組みと極めて相性が良いのです。お金が増えることで企業の労働力の購買力が増えて、平均的な人間の豊かさが向上していきます。

では、資本主義はなぜ必要になったのでしょうか。

昔も今も、何かを成そうとすれば労働力が必要でした。今よりもテクノロジーが進化する前の時代であればなおさら、何を成すにも労働力が最も重要でした。

資本主義は、労働力を買うために生まれたと言われています。例えば、大規模な農園で野菜を栽培しようとした場合、大規模な労働力が必要になります。その労働力を買うためにはお金が必要ですが、その資金が手元にない。

資本主義の誕生前は、そのような大規模な労働力が必要な事業は、なかなか始めることが難しかったのです。家族で協力してやるか、村で協力してやるかのように、集団社会の中で労働力を調達し、「コト」を成してきました。

人間はそうやって都市を作り、封建主義が生まれました。主従関係の中で建物を立てたり、仕組みを作ったりすることが可能になったのです。しかし、集団となり何かを成すだけであれば、人間以外の動物でもできます。

人間は集団を形成せずとも、労働力を売買可能な「モノ」と定義し、それをお金で買えるようにしたことによって大きく発展しました。それが資本主義です。

資本主義はこの時点では、奴隷や封建制度のような主従関係を前提とせずとも、大きな価値創造活動を可能とした点でも大きな意味を有しています。

資本主義の仕組みにより、事業として成立する見込みが高い取り組みには、お金を提供する資本家（＝投資家）が登場し、そこで得られた資金で労働力を買い、「コト」を成す。今もこの原型は全く変わっておらず、投資家、事業家、労働者という三者で役割分担をすることで、これまで国や集団でしか成し得なかったような大規模な事業が個人でも行えるようになりました。これは大きな革命です。

しかし、ある種の主従関係を前提としない画期的な仕組みも、徐々に投資家と労働者という対立関係をベースにした分断を生む結果となり、前述したピケティの「r＞g」が示すような新たな主従関係を生む結果に世の中が向かってしまっているのです。

効率的で便利だと思われた投資家、事業家、労働者という三者の役割分担が、資本主義のルールのもとで、不平等な格差を生む結果となり、分担から分断へと質的な変化を遂げてしまったのです。

大きな資金を扱う投資家が生まれた背景

現代では、人は投資家、事業家、労働者という三つの役割を演じることができる時代です。おそらく歴史的に最初に生まれたのは、事業家でしょう。事業は一人でもできるからです。

何かの仕組みを作り、社会に価値提供をした人間は紀元前の時代から存在したことでしょう。そして資本主義の仕組みができた十七世紀頃に、資本主義における労働者が生まれ、同時にそこにお金を提供する資本家が誕生しました。

産業革命以前は、事業になるアイデアは今ほど多く存在していなかったはずです。生活必需品である住まいや、生きるために必要な職に関わる事業に限られていたでしょう。

ほとんどの大規模事業は国家が主導する軍事、貿易といったものでした。そこでは、事業を営むに際しての情報やネットワークを有する人が、その優位性を利用して事業を営んでいたことでしょう。

産業革命が起きた十八世紀頃は、何を始めるにしても、その事業に対するノウハウや、技術力を有した技術者を労働力として確保する必要があったでしょう。これらのネットワークを有した人が事業家として成功し、大きな成功を収めた人が、徐々に投資家としての性格を強めていきました。

大きな資金を有した富裕層の登場と相まって、資本市場の必要性が徐々に高まっていきました。一つの事業だけに投資するリスクがあまりにも大きく、大きな資金を扱う投資家にとっては、そのリスクを分散するニーズが生まれてきたからです。

そのニーズをインフラとして提供していったのが資本市場であり、そのインフラが整備されたことにより、ピケティの「r＞g」の算式が、現実世界で大きな意味を持つ世の中が幕開けしたのです。

流動性と第三者の売買で、資本市場が発展する

その後、資本主義において資本市場が発展します。

例えば、東京証券取引所などの上場市場です。これが資本主義に「流動性」という新たな側面を加えました。流動性とは、資本家が提供した資金に価値を付け、それを第三者にその価格で売買できるようにしたことです。

資本主義の発展において、流動性の提供は大きな影響をもたらしました。それまでは、資金回収は、事業から得られる利益に大きく依存していました。

しかし、「バリュエーション」という値付け機能と、それを売買可能にする「セカンダリー市場（すでに発行された証券などが投資家間で売買される市場）」が整備されたことによって、流動性はその市場にさらに大きなお金の流れを生み出し、金融市場が今日まで巨大化する大きな要因となったのです。

今も資本市場は大きな流動性を提供しています。「ＩＰＯ（イニシャル・パブリック・オファリング＝新規株式公開）」とは、ある側面で見れば、投資家への流動性の供給です。

ＩＰＯ前と後の非連続性が極めて大きいのは、対比として株式公開前に株式を適正な価格や希望するタイミングで売却することが簡単ではないことからも理解できるでしょう。加えて、将来実現される未実現利益やキャッシュフローも含めた価格での取引が可能となり、投資により事業や企業の時間価値までもが売買可能となったのです。

資本主義は流動性を求めます。流動性を提供するためには価格の合理性が必要です。価格の合理性は、数多くの専門的な知見を持った投資家がその妥当性を検証し、多くの投資家の意見の総和として決定されていきます。これが市場の株価となります。

投資家は、事業から創出されるリターンを見越す事業の目利きから、徐々に物事の「価値」を見定める専門家として進化してきました。

これによって、時間とともに徐々にしか拡大しない実体経済を大きく超えて、資本によるリターンが実体経済をしのぐ「ｒ＞ｇ」というピケティが証明した資本主義の法則が生まれたのです。

一個人で見れば、将来の時間価値を現金化する手法は今のところありません。投資によってなぜここまで大きなリターンを生み出しうるかというと、この将来価値を流動性によっていつでも取引できるからです。これが投資家と労働者の決定的な非対称性であり、格差を生み出す原動力なのです。

原材料費、人件費の安さに恩恵を受けている

少しマクロ経済についても触れておきたいと思います。

実体経済を表すGDPでは、「Y（GDP）＝C（消費）＋I（投資）＋G（政府支出）＋NX（純輸出）」という恒等式が成り立ちます。つまり、実体経済を成長させるためには、消費を増やすか、企業投資や政府支出という投資を増やすか、海外への輸出を増やすことが選択肢になるということです。

政府の支出は個人や法人から集めた税金が原資となっているため（※ここでは中央銀行による紙幣発行などは無視します）、基本的には企業の投資や輸出を増やすことになります。

現在、純輸出がプラスであるのは、他国への輸出が他国からの輸入よりも多いことを表しており、世界の豊かさや経済力が均衡してくれば、徐々に純輸出もゼロに均衡してくることが想定されます。

したがって、基本的には企業が稼いだ資金を投資に回すか、労働者により分配し消費を

増やすか、もしくは投資家に還元するかが、この恒等式において重要になってきます。

消費を増やすには個人が豊かになるか、人口が増加する必要があります。日本はすでに人口減少社会に突入していますが、二十二世紀になる頃には世界中で人口が均衡状態に入ると言われています。持続的に成長を続けるには、企業が成長投資を続け、消費を増やし続けることが必要なのです。

ここで一つの例を紹介したいと思います。ある企業が安くて良質な商品を販売し、大きな利益を上げていたとします。この商品には原材料費と人件費がかかっているとします。

一定の生産性の改善を達成したとしても、海外の安い人件費を活用したとしても、いつかは世界中が平等に豊かになれば、安い人件費による恩恵はなくなってしまい、それにより原材料費と人件費が高騰するでしょう。

今、ＡＩやオートメーション、ＤＸという言葉であらゆる自動化や効率化が進められています。製造業で見られた生産現場の効率化はソフトウェアからデジタルになることによって、効率化が進むことが期待されていますが、それも永遠ではありません。自動化などの効率化に限界が生じると、その商品も徐々に値段が上がっていくことになります。しかし、消費者の購買力が同じであれば、つまり豊かにならないとしたらどうでしょうか。その商品が売れなくなるか、価格を下げるしかありません。

資本主義は利益を創出する仕組みとしては大変優れたものですが、現在の成長性と利益の裏には、世界が平等に均衡状態になる前の、安い原材料費や人件費の恩恵を受けていることが少なくありません。

持続可能な社会を生み出すには、より良い商品を生み出し、その価格が上昇しても、購買し続けられるほどの消費者の豊かさが前提になっているのです。

大量生産、大量消費を加速させた資本主義

資本主義のシステムにおいては、時間が短いほどリターンが大きくなる特性があります。利回り%の違いは年数を経ることで途方もなく大きな差となって現れますが、これを「複利の力」と言います。年率一〇%と二〇%の利回りの違いは一年では一〇%ですが、三〇年間積み重なると一七・四倍と二三七・四倍という大きな差になります。

複利の力については、投資家として有名なウォーレン・バフェットが指摘していますが、これは資本主義の仕組みの中で極めて大きな影響をもたらします。

つまり、大きなリターンを一気に生み出す必要はなく、小さいリターンを継続的に生み

出すほうが、リターンが大きくなるのです。

このことに気がついたのは日本企業も同様でした。松下電器（現パナソニック）、三洋電機、シャープ、ソニーなど日本の民生電器企業は、一九九〇年頃は世界を席巻《せっけん》し、二〇〇〇年初頭までは世界でも一定の競争力を有していました。

「Made in Japan」と言われ、高品質なものが安価で大量に生産され、世界中で販売されました。毎年のようにモデルチェンジを繰り返し、少しずつ機能をアップして買い替えを促してきました。

例えば、二十年間使える電気機器と、二年間で故障したりバッテリーが劣化したり実用に耐えなくなる電気機器があったとします。前者を四〇万円で購入した人は、毎年二万円で利用していることになります。二年間の利用料は四万円です。

三万円で二年間利用できる電気機器が発売されたらどうなるでしょう。消費者はこぞってこの三万円の商品を購入するでしょう。

電気製品が普及し出す前は商品のライフサイクルは非常に長く、すべてがライフサイクル二十年のような商品を長く販売することで利益を上げていました。ゆっくりと開発し、ゆっくりと販売し、投資を回収していくモデルです。

一方で、電気製品が普及し、商品の開発ライフサイクルが短期化したことで、後者のような短いライフサイクルが主流になりました。これは消費者にとってもメリットが大きく、単価が安いものなので購買に至りやすい。かつ、毎年新しい機能が追加されるので、こちらも購買の動機に繋がりやすい。これは投資家にとってのメリットにもなります。

投資家は、売上成長が持続し、投資回収が早いビジネスを好むため、不確実性が高い前者よりも、後者のビジネスモデルを好むようになりました。同時に、消費者にとっても単価が安いほうが購入に至りやすく、安い単価を支持するのです。こうして、大量生産・大量消費の事業モデルは競争力を有していきます。

一方で、このビジネスモデルにもすぐに限界が訪れました。例えば、ガラケー時代の携帯電話のように、製品の魅力の向上が止まると、一気に買い替えサイクルが短くなり、売上高が持続的に成長しなくなるのです。

大量生産・大量消費の事業モデルは一見素晴らしいのですが、大きな前提が成り立つ必要があります。その前提とは、売上が持続的である、つまり成長を継続してもらう必要があるということです。

そのためには、消費者が継続的にその商品を支持し続ける必要があります。ここにはテクノロジーの進化だけではなく、商品としての消費者への提供価値を購買単価以上に高め

電気機器の寿命、ライフサイクルの比較

ライフサイクル20年の商品

販売単価	40万円
販売数	1万台
売上高	40億円
開発費	4億円
製造原価	24億円
販売費	8億円
利益	4億円

ライフサイクル2年の商品

販売単価	3万円
販売数	2万台×10サイクル＝20万台
売上高	60億円（1サイクル平均6億円）
開発費	13億円（4億円＋改編9回9億円）
製造原価	30億円（コストメリットを考慮）
販売費	12億円
利益	5億円

続けなければいけないという大きな障壁が存在しているのです。

これが大量生産・大量消費の仕組みですが、企業はこのモデルからなかなか脱却できずにいました。消費者も、この買い替えサイクルに知らず知らずのうちに慣れ、すぐに買い替えるという行動が染み付いてしまったのです。

安い商品を買って、使えなくなったら、買い替える。そして、それにより企業がリターンを生み出す。決して何も悪くないように思いますが、それにより大きな社会的コストを生じさせていることに気がつかなかったのです。

ほんの百年程度の期間のうちに、これが加速的に起きてしまいました。地球の時間軸で見ると、この変化はとてつもなく大きいことに気がつかされます。

この百年は、地球という資源を切り崩しながら、人類が大量の消費をしてしまった百年と言うことができると思います。

そしてその原動力が、資本主義でありイノベーションだったのです。資本主義とイノベーションが存在しなければ、これほど急速な変化は生じ得なかったでしょう。

私たちが見過ごしてしまっていたのは、財務諸表に計上されていない価値です。資本主義は財務諸表ばかりを見て、資本主義のエンジンを高速で何回転も回すことで、大きな複利のリターンという麻薬に溺れていたのです。

そして、資本主義を高速で回すために、地球にあるあらゆる資源や資産を切り崩し、高価な地球を売り物にし、安価な商品やサービスを世界中にばら撒《ま》いていったのです。

第二章

借金まみれの㈱地球。資本主義を再定義する

地球を一つの株式会社と考える

持続可能な社会を実現するために、資本主義はどうあるべきか。それを考える上で、この地球を一つの株式会社として考えてみたいと思います。

会社名：株式会社地球（以下㈱地球）

ミッション：地球、社会、人類の生活の価値を持続的に高め、何十億年も継続する

主要資産：地球（人類以外の生き物含む）と人類、そして人類が地球上に創造した社会

この㈱地球の財務諸表は左記のようになります。ここではシンプルにキャッシュフローと利益が一致するとします。

損益計算書

・売上：GDPの合計

・費用：労働力（＝人件費）

・利益：増加する価値総量

バランスシート（貸借対照表）

・現金：これまでの利益総量
・純資産：これまでの利益総量

人類は誕生以来、経済活動を通じて大きなGDPを生み出し、その金額は毎年少しずつ成長してきました。GDPを生み出すために、人は労働します。労働とは言い換えれば、人の時間を消費している行動の一つです。

人が時間を消費し労働することで、経済活動が循環してきました。それにより㈱地球は毎年GDPを生み出し、着実な成長を遂げてきました。

仮に、㈱地球の株主は人類全体だとしましょう。地球の所有者が人類だという傲慢《ごうまん》なことを言っているわけではありませんが、あくまでもイメージしやすいように、㈱地球の株主を人類だと考えてください。

人類にとって㈱地球の価値は経済活動により年々増加しています。資本主義というルールに従って、㈱地球の株主価値が本当に増大しているのであれば、素晴らしいことと言えるでしょう。

しかし、本当にそうでしょうか。

今、持続可能性について疑問が生じています。これは、㈱地球が永続的に経済活動を行なえなくなるということを指します。企業ファイナンスの常識で言うなら、永続的な成長を前提とできず、ターミナルバリュー（永続価値）が毀損《きそん》している状況になります。

一部の人に支配されている㈱地球

「持続可能性に疑問が生じる」とはどのようなことを指すのでしょうか。ここには大きく二つの問題があります。

一つ目の問題は、㈱地球が持続的に労働力を買えなくなることです。一部の富裕層に富が集中することで不平等が生じ、富裕層以外の層は労働力を提供することをやめてしまうのです。

現に、コンビニエンスストアや物流の現場では、労働力の確保が難しくなってきています。派遣労働者やアルバイトでその労働力を確保してきましたが、安い賃金では労働力が十分に確保できず、外国人労働者に依存せざるを得なくなってきています。

ＥＣ（イーコマース）の拡大により、ラストワンマイル（個人等へ最終的なモノを届ける物流）における物量は爆発的に増加していますが、業界の収益構造から提供できる賃金では十分な人材が確保しきれず、社会インフラが維持できないリスクが出てきています。

人材確保や物流インフラの効率化に向けて数多くのスタートアップが存在します。私が投資しているオープンロジやタイミーは、労働に対する根本的な不平等性をテクノロジーによる効率化や仕組み化により解消することを目指している会社です。

富裕層への富の集中は、㈱地球の利益がごく一部の人類に帰属してしまっている状況と言えるでしょう。㈱地球が、一部の人類に経済的に支配されている状況です。

経済的価値は一部の人類に帰属してしまったとはいえ、株主の非経済的な権利は民主主義に従い平等だとすると、議決権の大半を、経済的価値を保有していない残りの人類が保有していることになります。

経済的価値と議決権が非対称であれば、人類は「モノ言う株主」として声を大きく上げて、㈱地球の経営方針の大幅な変更や経営状況の改善を求めるはずです。

二つ目の問題は、バランスシートの計上漏れの資産が大きく毀損している状況です。㈱地球は、水産資源、鉱物資源、森林資源、あらゆるものを活用していますが、これをバランスシートには計上していません。しかし、実際は資源をふんだんに活用しながら、経済活動を行なっています。

㈱地球が経済活動をするにあたって、本来は資産を買い取るか借りるかすることで活用する必要があります。ここでは買い取る場合で考えてみますが、その場合、買い取り代金はいくらが妥当なのでしょうか。

資源を買い取った後、同じ資源で地球を再び作ることができるのか？　と問われても答えはわかりませんが、おそらく奇跡的なぐらい確率が低いでしょう。

地球は唯一無二のものです。唯一無二のものは、アートの世界でも法外な値段が付きます。資源を買い取るための妥当な金額はわかりません。言うまでもありませんが、需要と供給のバランスに大きな歪みが生じると、高い価格が付くのです。

㈱地球の資産は唯一無二の希少性のある資産ということになります。これを買い取るには、とてつもない大きな資金が必要になることでしょう。そうだとすると、資産はできる限り長期的に有効活用することが、㈱地球の価値最大化に繋がることは明白です。

順調に売上高を拡大し、利益成長を続けていると思われた㈱地球は、実は多額の借入金を抱え、債務超過の万年赤字企業です。これは、本来バランスシートに計上すべき「地球」という希少資産を計上せず、それを買うための借入金も計上せず、それぞれオフバランスシート（計上しないこと）で会計決算を行なう、一般企業で言えば不正会計を行なっている状況と言えるでしょう。

㈱地球の経営陣はこの状況に近年まで気がついておらず、損益計算書ばかりを見たPL経営で、経営は順調であるとして、資本主義とイノベーションのメリットばかりを強調し、この状況を見過ごしてきたようなものです。

借金まみれの㈱地球

一見すると、㈱地球の経営は順調で、そこから多額の利益が生み出されています。しかし前項で述べたように実態は、債務超過です。それにもかかわらず、その利益は主に二つの形式で人類に還元されている状況です。

一つは労働の対価としての報酬です。

もう一つは、㈱地球の株式価値の向上による株主へのリターンです。

前者は、広く人類に分配されており、多かれ少なかれ人類はその資本主義の利益を享受できています。後者は、㈱地球の株式を保有する限られた人類、現実世界で言うところのお金持ちに偏《かたよ》って帰属しています。

いざ㈱地球が倒産してしまうと、その不利益は一部の富裕層にではなく、広く人類にばら撒かれます。なぜなら、実際に価値が毀損してしまっているのは、地球という資産であるからです。

倒産した際に㈱地球の借金が返済されるのであれば、資産の保全をすることができるかもしれません。

ただ、実際には借金は認識されておらず、実質的に踏み倒されてしまうと、残るのは破壊された環境、吸い尽くされた貴重な資源を失った地球になるからです。


さらに厄介なことに、一日労働の対価として支払われたお金はもちろん、㈱地球の株主として得たリターンも、それぞれ個人に帰属が認められているため、㈱地球が仮に不正会計で倒産したとしても、その富は守られるのです。

本来、企業ファイナンスの世界では、労働の対価は保全されてしかるべきですが、株主価値は違います。

まずは、債権者にお金を返す必要があります。㈱地球で言えば、地球に借りたモノを返す必要があるのです。そして残ったモノが株主に分配されるわけですが、設立以来、実質赤字企業である㈱地球に返済原資は存在しません。

資本主義を通じて、株主である富裕層が得たリターンは、本来はすべて分配しなければいけません。

それでも地球から借りた資産を返すにはお金が足りないわけなので、株主に返還するお金などありません。すると経営陣に対して株主及びそのステークホルダーである人類から訴訟が起こされるでしょう。「経営責任を取れ」というわけです。

今、資本主義の㈱地球で起きていることは、資本主義の言語である企業ファイナンスで語るなら、不正会計、経営責任、訴訟という状況です。資本主義が生み出した企業ファイナンスが、現在の地球の状況を表現するとは皮肉なものだと思います。

現在の資本主義のルールの中で、リターンを享受している㈱地球の株主に相当する人は、この事実に目を背けながら、売上増大や、経営の黒字化、借入金の返済等のバランスシートの健全化を行なうべく、持続可能な社会に向けての取り組みという旗印を掲げているのです。人類が保有している富が㈱地球の犠牲により得たものであるなら、富裕層が保有している富はすべて、㈱地球の環境回復・保全のために使われるべきとも言えます。欧米では富裕層の間で寄付活動がされるのが一般的ですが、それはある意味当然とも言えるのです。

ゴルフ場開発に見る、資本主義の矛盾

㈱地球の例をもう少し身近なケースでも触れてみたいと思います。私が子供だった頃は一九八〇年代ですが、こんな光景が記憶に残っています。

「昔から所有していたあの山を売ることにした」

「今ゴルフ場になっているあの山は昔うちの土地だったんだ」

田舎の土地は大体、その土地に住む人々が所有していました。ただ田舎というだけで土地があっても、その土地には二束三文の価値しかないとされていました。その土地は経済活動を発生させないからです。「経済活動を発生させない土地は極めて安い」という考え方が、今の資本主義や企業ファイナンスの世界ではまかり通っていました。

今は多少認識が改められ、自然環境、水源や森林資源など地域社会が価値のあるものとして保全対象と考えるようになり、一定の価値を認めるようになっています。

ただ、資本主義における経済価値においては、利益やキャッシュフローを生み出さない資産の価値はゼロだとみなされてしまうのです。

二束三文で買い叩かれた土地は、ゴルフ場開発企業によって山が切り崩され、そこにゴルフ場ができました。そこで働く従業員は地元の人々です。ゴルフをするのは、都心から

来る人と、地元の人です。お金は回り、ゴルフ場運営企業に利益がもたらされます。

企業は地元の労働力を買い、開発を行ない、雇用を生み出すことで、地元への利益も生み出しています。資本主義というルールがなければ、決して生み出されなかった富です。ただし、一番利益を得るのは企業側です。そして、実は利益の源泉は土地、つまり山を安く仕入れられたことにも起因しています。

これが本来の地球の土地の価値に近い、より高額な価格で取引されていたらどうなるでしょう。おそらく、企業はその土地代を回収しきれず、いつまでも赤字企業か、それともプレー料金を値上げするか、従業員の賃金を下げるかを迫られたでしょう。

実際には、物事はそううまくいきません。従業員の賃金を下げれば働き手も集められませんし、正当な雇用が生み出されない以上、地元もゴルフ場の開発に反対するでしょう。料金の値上げをすれば、集まる顧客も減り、結局十分な売上を創出できないでしょう。

土地が正しい価値で値付けされ、地元の人が土地の持つ本当の価値を理解し、また企業の経営者が採算がとれるかどうかに気づいていれば、このゴルフ場の開発はされることはなかったでしょう。

資本主義の世界において、正しい価値とは経済的利益を生むことです。このゴルフ場のケースでは、ゴルフ場として開発した場合に生み出される期待リターンから逆算された、合理的な土地の仕入れ原価として価格が決定されているのです。

したがって、その資本主義の観点では土地の仕入れ値は適正であると言えます。一方で価格や値決めは、投資家や経営の視点で決められているに過ぎず、それを受け入れたために、二束三文での山の売買が生じているのです。

決して、売却をした地元の人が非常識なのではありません。彼らも代々受け継いだ土地であれば二束三文でも売却すればリターンが出るため、その観点では合理的とも言えてしまうのです。

人的資本経営が注目される理由

ここまで、社会を㈱地球にたとえて、資本主義の限界について触れてきました。

資本主義のどこに問題があって、社会は少しずつ変化してしまっているのか、ここまでのおさらいも兼ねていくつかキーワードを挙げてみたいと思います。

・資本主義は短期思考に陥りやすい
・資本主義は価値ある資産を見落としがちである
・資本主義は本来価値ある資産を毀損させながら成長している
・資本主義にとって人は買われる労働力である
・資本主義においてお金は人よりも大きなリターンを生み出す

では、いかにして「サステナブル資本主義」を実現していけば良いのでしょうか。

昨今企業経営において、「サステナビリティ」は大変注目されています。

サステナビリティとは、社会が持続可能であるために、企業がガバナンス、環境対応や社会を意識した経営をし、より人もお金も社会も持続的に循環していける状況です。

すでに大きな売上を上げ、多くの従業員を抱え、社会への影響力が大きいグローバルな先進的な企業ほどサステナビリティ経営に取り組んでいます。

加えて、もう一つ注目されていることがあります。それは「人的資本経営」というものです。人材こそが企業を長期的に成長させるために重要であると再認識し、人を単なる労働力としてだけではなく、人的資本と位置付けて経営を行なうという考え方です。

日本では、花王や、グローバル先進企業であるソニーなどが積極的に取り組んでいる代表的な企業だと思います。

「地球、社会、人」に注目し、ミッションや経営理念、また経営戦略までも、サステナビリティに照らして経営を行なっています。これまでの資本主義的経営では無視されていた、財務諸表に計上されていないものに注目し、そこに価値を与えようとしているのです。

上場企業の情報開示ルールもこういった考え方と連動して、様々な議論が進んでいます。財務情報とサステナビリティに関する取り組みなど非財務情報をまとめた統合報告書や、人的資本を決算開示においてどのように表現するのか、といったルール作りが盛んに行なわれており、私はこれらに深く賛同しています。

サステナビリティを実現し、難しい社会課題を解決していくためには優秀な人材は不可欠であり、「地球という資産をどれくらいの価値で評価するか」ということ抜きには、本当の持続可能性の議論はできません。

地球の価値を過小評価すれば、十分にリターンがあるビジネスに見えても、もしもっと地球の価値が大きかったとしたら、ビジネスとして成り立たないということはいくらでも起きます。これは先ほど触れたゴルフ場のケースと同じです。

また、いかに人的資本に注目したところで、資本主義の本質が単純に「労働力を安く買うこと」から脱却しない限り、富の集中や不平等はいつまでも解消されません。持続可能な社会に向けて、人や㈱地球の資産を適正に評価し、その価値を高め続ける視点が不可欠なのです。

長期的な視点で資本主義を再定義する

サステナブル資本主義を考える上で、一つ大きな論点があります。それは時間軸です。時間軸には地球と人間とでは大きなギャップがあります。これが問題の本質に関わっています。

人間にとって、百年というのは十分に長い時間です。今でこそ、人生百年時代と言われるようになってきましたが、それでもまだ世界の平均寿命は七十三歳です（世界保健機関〈ＷＨＯ〉「世界保健統計報告書二〇二一年版」）。一方で、地球は約四十六億年存在していることからも、寿命は百億年単位です。実に一億倍という時間軸のズレが生じているのです。

これまでの資本主義は、五十～百年といった短い時間軸の中で評価するには、一定の成果やメリットを感じられる発展でした。短い時間で区切ってしまうことの弊害は、それ以降の持続性を無意識のうちに無視してしまうということです。

百年という短い時間で持続的であれば、その制約条件の中で、特定のパラメーター（媒介変数＝多くの場合はGDPの伸びや技術革新による生活水準の向上、売上や株主価値の増加など）を最大化するという方程式を解けば良いのです。

これが長期的な持続性となると複雑になります。長期的な持続性を議論すれば、地球の人口や、石油の埋蔵量など、短い時間軸においては制約条件にならない要素が加わるからです。

時間軸を念頭に置くことで、考慮すべき制約条件が無限に増大し、それぞれの制約条件を正しく認識することが難しくなります。だからこそ、一人ひとりが人や社会、環境の価値を正しく認識し、価値あるものを二束三文で売ってしまうことがないようにしなければいけないのです。

サステナブル資本主義に必要な三つの視点

では、サステナブルな資本主義のあり方とはどのようなものでしょうか。

私は大きく三つの視点が重要になると考えています。

・人がサステナブル
・お金がサステナブル
・すべてのステークホルダーがサステナブル

「人がサステナブル」とは、不平等をなくし、持続的に豊かで健康的な生活が可能であり、企業等の活動を通じて社会に貢献し続けられる、という状況です。

「人がサステナブル」であるために社会と一定のエンゲイジメント（関係性）が必要な理由は、帰属意識を持つことで社会の今後の方向性や課題について常に理解をアップデートし続け（生涯学習の位置付け）、かつファイナンスの観点でも経済的に取り残されず、社会の成長を人レベルでも享受し続けるために有効な手段であり、不平等をなくすためにも必要だからです

「お金がサステナブル」とは、単に、世界や社会からお金がなくならないことを意味しているわけではありません。

そもそもお金は人類が発明したものです。等価交換を可能とするという流動性の利便性も大事ではありますが、根本的にモノやサービス等に価格を付けるという発明自体が重要

です。

結果、お金という価値は様々な形態を通じて保存されるようになってきています。現金はもちろんのこと、預金、有価証券、不動産、鉱物資源、土地、森林資源などあらゆるものを通じてその価値が保存されています。昨今注目を集めている暗号資産（仮想通貨）も、アートや車なども価値を保存しているという点では同じです。

お金が発明された当時は、すべてのものに価値が認められていたわけではありません。長い歴史の中で経済活動を通して少しずつ、多くのものに価値を付けるようになったのです。

正直、地球や社会にはまだ価値が付いていないものもあると思います。

例えば、二酸化炭素（CO_2）排出量などは、大昔は何の価値もありませんでした。しかし、その後CO_2の排出量取引という制度が生まれ、そこに価値が認められるようになっています。

脱炭素社会を目指すに際して、現在の炭素排出量取引による経済的価値は二五〇〇兆円という試算もされています（朝日新聞GLOBEプラス二〇一九年三月三日）。価値を認められてこなかった「モノ」に価値を見出していこうという議論が起き始めているのです。

「お金がサステナブル」とは、社会が持続的であるために必要なお金が循環し続けることです。

サステナブルな社会を実現するために資産やお金をその活動、例えば企業活動等に持続的に循環させ続けることが大事です。

そのためには、あらゆるものに適切な価値が認められていることが極めて重要になります。実は適切に価値を認められていない状況が生じてしまっていては価値が持続せず、お金がサステナブルでなくなってしまうからです。

実際に長期的な取り組みを行なうには、それを支える長期的な資金の存在と、一見すると価値がないように見えるあらゆるものの希少性や本源的な価値を見過ごさない視点の両方が不可欠だということです。

「すべてのステークホルダーがサステナブル」とは、人、企業、社会、地球という関連するすべてが長期的に持続的に存続できる状況であることを指します。

企業に関しては、人に寿命があるように、企業にも寿命があり、一定の新陳代謝が求められることが前提です。企業活動においてはビジネスモデルがサステナブルであることと同義だと考えています。

そしてそれは、社会的コストを最小化することだと考えています。なぜなら、あるステークホルダーにとってその状況が持続可能でない場合には、その問題を解消するためにより大きな費用がかかるため、社会的コストが増大していくからです。

昨今、日立製作所など日本企業も脱炭素社会の実現に向けて、炭素排出量を具体的にいくらのコストとみなすのかという「目線」を定めて経営する方針を対外的にも発信するようになっています。これは画期的な取り組みであり、算出が難しい社会的コストを自社で具体的な費用として数値化することで、この費用を最小化できるように企業経営を行なうという具体的な指針にすることができるからです。

企業の生産拠点の選び方も大きく変化してきました。以前は、単純に労働力の安さを最重要の指標とし、中国などが選ばれてきました。近年は、地政学的リスクはもちろんですが、その地域と長期的なパートナーシップを結ぶ視点で、生産拠点を選択するように変化しています。

そこには、国家間の関係もしかり、その国の技術教育への投資の度合いも加味されます。だからこそ、企業がパートナーとして国や地域を選定する場合には、その国家プロジェクトとの連携や、教育機関との連携など、幅広い連携を想定して拠点選びをするように変化してきています。

このような拠点選びのやり方は、企業間の競争にも繋がっており、特定の地域社会との強固なパートナーシップを獲得するために、各企業がその地域社会に深くコミットすることをアピールしてきます。グローバル展開の経験が豊富な日本企業はそのことの重要性を感じ、取り組みを強化していますが、GAFAMも中国企業も、アジアやアフリカ地域への積極的なコミットメントを年々強化しています。持続可能性を経営が意識すればするほど、消費市場でもあり労働市場でもある地域社会との長期的な関係構築が重要であると考えるようになっているのです。

つまり、すべてのステークホルダーが平等に扱われ、できる限りその利害関係や社会的コストを最小化していくことのために、あらゆるものに適切な価値を付け、また人がそのことに関心を持ち、持続可能な社会の課題を理解することが、豊かさを平等に享受することにもなるのです。

人、お金、すべてのステークホルダーのそれぞれをサステナブルにするとは、より長期的に、より広い視点で価値やコストを自覚し、それを前提に未来を見据えて一人ひとりが行動していくことだと思います。

不完全なサービスから始まったYouTube

数学や物理の世界で、制約条件が多く変数が少ない問題は、比較的容易に答えが導き出せます。一方で、航空宇宙工学における空気力学やそれによる飛翔体の挙動など、複雑になればなるほどそのこと自体を標準化し、モデル化すること自体が難しくなってきます。より精緻に考えようとすればするほど変数が大きくなってしまい、場合によっては制約条件の設定を間違えて、正しい答えが導けなくなってしまうこともあります。

実体経済も社会も精緻にモデリングするには極めて複雑な対象です。本来は複雑系であるにも関わらず、既存の資本主義においては、投資家のリターンを最大化するという関数を重視して売上を最大化し、原価を含む費用を最小化するというシンプルな関数に置き換えて問題を解こうとしてしまうのです。

これは工学や物理の世界でもよくあることで、複雑な物理的挙動の本質を抽出し、よりシンプルな問題として定義していくことは度々行なわれます。工学や物理の世界では、その標準化や定義していくアプローチ自体が創造性であり付加価値でもあるのです。

サステナブル資本主義において求められるのは、価値創造に直接的に必要な特定の狭義《きょうぎ》の価値を最大化しようとする、ある種の慣性の法則をひっくり返すことです。

企業経営は複雑で、その複雑性を全てモデル化することはできないがゆえに難しいのです。なぜなら、社会や人間といったステークホルダーの関係性には数多くの変数が存在し、相互に影響を及ぼしあっているからです。

一方、そういった緻密《ちみつ》さではなく、ある種大胆かつシンプルに物事を捉えることによって、とにかくこの方向にまっすぐ進む、という方向性を具体的に示す。そのことで共感を引きつけ、推進力に変え、それにより大きな結果を導こうとしているのがスタートアップです。より物事をシンプルすぎるぐらいシンプルに捉え、ある種の課題に向かってシンプルな論理に従って邁進《まいしん》するからこそ、誰よりも早くその課題に到達できる可能性が生じます。その速度に紐づく運動量が熱量となり、より大きな課題を解決する武器を手に入れていくのだと思います。

昨今、急速に拡大しているサービスにはこれらの共通点があると思います。最初から万能なサービスであるとは限らないのです。

YouTube はプロが制作した優良コンテンツこそが企業の競争力だと考えているＴＶ市場を横目に見ながら、アマチュアであるユーザーが制作した動画をとにかくアップロードできるプラットフォームというコンセプトで拡大してきました。Instagram も写真を軸にしたSNSとして打ち出しました。

これらは網羅的かつ万能なサービスではなく、投稿されたコンテンツもサービス開始当初は今ほど質も高くなく不完全な状況だからこそユーザーを引き付けることができ、シンプルであるがゆえにその価値がより多くのユーザーに拡大することを可能にしているのです。

複雑すぎるサービスは、その価値を理解してもらうのに時間がかかります。LINEが急速に拡大したのも同じです。元々あるコミュニケーションのツールをシンプルにしたことで急速に拡大したのです。

一度普及した後は、それぞれのサービスの機能は強化されていきます。Instagramが動画に対応し、メッセージ機能が強化され、LINEも通話機能が登場するなど、その後ユーザーが求める機能を追加することは可能なのです。

メルカリ、LINE……シンプルさがユーザーの熱量を捉える

日本のものづくりは最初から良いものを生み出すことに心血を注いできました。まず良いものを作って、良いものだからこそそれが市場に受け入れられ、大きな利益を生むサイ

クルが当然と考えられていたからです。

しかし、今は大きく変化しています。素晴らしいサービスや難しい課題に対し、最初から満点の回答を準備しようとしてはいけません。そんなサービスが簡単につくれるなら、そんな課題はもうすでに解決されてしまっているからです。まずシンプルなサービスでユーザー（＝消費者）の熱量を捉え、ユーザーが便利だと考えたものが自然と広がりを見せていくという循環を生み出せるかがカギになっているのです。

価値訴求はできる限りシンプルに、でもなぜユーザーがそのサービスの価値を感じるのかが明確である必要があるのです。それさえ実現できていれば、あとはユーザーがその市場を拡大させてくれますし、サービスやコンテンツも磨かれていきます。従来のものづくりが企業主導であれば、今のものづくりの考え方は企業と消費者がともに協調的に生み出していくものなのです。

メルカリが提供したのはユーザー同士が安心してモノを売買できる仕組みです。実際にはユーザーが使うことで、他のユーザーにとっても魅力が向上し、どんどん便利な機能をメルカリが開発していくことで、プラットフォームとしての利便性が消費者の協力を得て改善していくのです。

SmartHRのようなｔｏ Ｂ（企業向け）のサービス向けサービスでも全く同じです。最初に提供した機能はシンプルな年末調整が簡単にできる機能ですが、一度その機能を便利だと思う企業が出てくれば、どんどん他の企業も使うようになります。

多くの企業に使われれば使われるほど、数多くのフィードバックを受けて、そのサービスはさらに磨かれて、便利な機能も追加されていくのです。これも企業と消費者が協調的に生み出しているサービスであり市場だと言えるのです。

スタートアップが投資を受ける際に、複雑すぎるビジネスや説明では共感も理解も得られませんし、経営の難易度も高いとみなされてしまいます。だからこそ、複雑なものをシンプルに捉え説明することが求められるのですが、その過程で本来は見過ごしてはいけない価値が見過ごされてしまうリスクがあることには注意が必要です。

Netflixが拡大した背景

資本主義においては、シンプルで再現性と拡張性のあるアイデアやビジネスを好む傾向がありますが、サステナブル資本主義では、より広義に社会構造を捉え、人とお金とステークホルダー全体の利害を正しく考慮した上で、シンプルにモデル化し、社会の共感を勝ち取っていくことがより求められるようになるのです。

Netflixという動画視聴サービスが世界中で拡大していますが、これも提供するサービスをシンプルに捉え、社会の共感を勝ち取った例です。現在では世界中に動画サービスを普及させた立役者として知られ、時価総額20兆円を超える巨大企業となったNetflixですが、創業から十五年ほどは思うような成長を遂げられていませんでした。

一九九七年にDVDレンタル事業として創業し、二〇〇七年に現在のような動画サービス事業を開始していますが、爆発的に拡大することはありませんでした。

米国ではCATVが視聴インフラとして圧倒的な存在を誇っており、お金を払って視聴するという体験はすでに当たり前となっていました。二〇〇七年と言えば、iPhoneが普及し始め、モバイルインターネットの急拡大が始まった頃ですが、それだけでは決して今ほどの拡大は見込めなかったでしょう。

Netflixが拡大した背景はいくつかあると思いますが、消費者がシンプルに共感できる要素が三つあったからだと私は考えています。

一つ目は、徹底的に消費者に寄り添ったサービス開発の姿勢です。早い段階からリコメンデーションエンジン（消費者の嗜好にあったコンテンツをお勧めする）のアルゴリズムに積極的に投資していました。これによって消費者が探すという体験をよりシンプルかつ効率的にし、面白いコンテンツを探しやすくしていきました。

これは消費者の満足度向上だけの効果に留まらず、こういった仕組みにより人気のコンテンツが拡大しやすくなるという効果ももたらします。面白いものは積極的に推奨されたり、同じような嗜好を持った消費者に届けられるため、人気が爆発しやすいのです。これは日本のような配信型ＴＶやＣＡＴＶよりも優れた特徴で、消費者の共感が一気に広がる要因となっています。

二つ目は、広告収入だけに依存しないビジネスモデルです。消費者にとってＴＶＣＭは不要なものであり、コンテンツの消費には邪魔な存在です。有料課金モデルは消費者には当然お金はかかりますが、純粋に良質なコンテンツを楽しむことに時間を使うことができるようになります。

三つ目は、すでに存在していたＣＡＴＶとの違いです。ＣＡＴＶはビジネスモデルの特性上、インターネットや通信のインフラとセットで提供されていました。いわゆるトリプルプレイ（放送と通信とネットをセットで提供）と言われたビジネスモデルを採用していました。

最も投資額や維持コストが高いのが通信やネットのインフラであり、消費者からの得たお金はコンテンツではなく、インフラに回ることになり、お金の流れとユーザーが体験したい動画視聴サービスにズレを抱えていました。

その点、Netflixは動画サービスに特化しており、純粋に面白いコンテンツを効率的にみられるという付加価値に対して消費者が対価を支払う構造が分かりやすく、またNetflixもより効率的により良いコンテンツが見つかるように、リコメンデーションエンジンやコンテンツ制作に積極的に投資することができます。

一見シンプルに見えるこの因果関係が成立していることで、消費者は企業に共感し、企業のサービスの価値を感じやすく、その対価に対する満足度も高まるという循環を生み出せているのです。

この構造はハリウッドでは成立していました。消費者が映画を映画館やDVDで視聴することで売上を生み出し、その売上により映画の製作が行われています。

しかし実際は、ヒット作品と大失敗作品があって、全体として成立しているに過ぎないのです。ヒットを予測させるアルゴリズムを進化させ、その不確実性を取り除き、安定的な経営基盤によりコンテンツ制作を可能にしたのがNetflixのビジネスモデルというわけです。

いくつか事例を紹介しましたが、サービスとステークホルダーを広く捉え、利害関係を適切に調整することによってビジネスとユーザーは共存可能です。

多くの企業が今、ＳＤＧｓという社会課題とビジネスをどのように整合させるのかに苦慮しています。社会課題を解決するのは簡単ではなく、成功確率が低い割に、多額の投資や長期的なコミットメントが必要になるからです。

つまり、社会課題に向き合ったところで、事業機会として十分な収益が生み出せないのではないかという問題です。

なぜ、これを解決するのが難しいのか。それは多くのステークホルダーを巻き込みながら事業として成立させ、最終的には消費者の賛同と株主の賛同を得ていくことが難しいからにほかなりません。

私が相談を受けている企業でも、既存のビジネスモデルや特定のテクノロジーを前提にしすぎている案件が多くあります。それは、社会課題の解決にそれらを使っていこうという視点に終始してしまっており、鶏と卵が逆になっていることが多いからではないかと思います。

ビジネスモデルやテクノロジーは一旦横に置いておいて、社会課題を解決するにはどうすればよいかというシンプルな問いこそが出発点であるべきなのです。この発想に立てば、自社だけで解決できる問題でないことも多く、ステークホルダーをより多く巻き込んでいくという視点が重要になってきます。

社会課題を解決するために、必要なステークホルダーを巻き込めるような共感がそこにあるのか、そのような共感が非連続的に拡大する仕組みがあるのか。これらを満たす事業モデルであれば、長期的にも社会課題に挑戦し続けながら、徐々に消費者と社会の共感を高めていくことができるでしょう。

持続可能な社会を実現するという課題に挑戦するには、ステークホルダーを巻き込めるような、社会的コスト、利害関係をシンプルに説明でき、シンプルに消費者に届くような価値訴求を考えることがまず第一だと思います。逆に言えば、消費者が共感しづらいインセンティブや利害関係が存在してしまうと、社会的コストを乗り越えるような共感はなかなか十分に得られないのです。

環境問題、格差問題……ウラにある社会的コスト

資本主義では、労働力をいくらで買って、そのためにどれくらいの資金を投資家から調達するかが重要です。その仕組みは、資本市場とともに発展しました。利益や成長率といった会計数値を前提に、株価を通じて企業の価値形成がされる時代です。

ところが、現在の資本主義は労働力を買うという実体経済から離れていき、価値創出ばかり追求するために格差を拡大させてしまう構造を生み出しているのではないでしょうか。一度単純化された法則は時に大きなエネルギーを生み出す源泉となりますが、同時に大きなリスクも生じさせている場合があるのです。

物理法則で言えば、落下する物体は徐々にその速度を上昇させます。位置エネルギーを転換するというシンプルな法則で速度エネルギーを生み出します。その結果、大きな空気抵抗や熱エネルギーを生み、落下し地面に衝突した場合の巨大な反発エネルギーにもなるのです。単純な法則は強大な力を生み出しますが、それ以外の副産物も生み出します。

核融合で大量のエネルギーを効率的に生み出す側面だけに注目すれば、原子力発電も正当化されます。しかし一方で、巨大なエネルギーという利便性により、放射能の危険性や核のゴミといった負の側面を無意識に忘れてしまいがちです。

株価の評価における最も根本的な情報は、会計基準に沿って作成された、貸借《たいしゃく》対照表、損益計算書、キャッシュフロー計算書といった財務諸表です。これらは一定の会計原則に従っており、世界のスタンダードにもなっています。

一方で、問題点が全くないわけではありません。財務諸表に計上されている「モノ」しか評価の対象になっていないという点です。財務諸表からは見えてこないものは様々ありますが、ここではその中でも重要な点に触れておきたいと思います。

それは社会的コストです。例えば、環境破壊をしていることによる社会的コストは財務諸表からは見えてきません。いかに大規模に環境破壊をしていても、売上が伸び、利益が成長していれば、投資家にとっては魅力的な会社に見えてしまいます。

今でこそ、環境負担が大きな産業の代表例とされている石油産業や繊維・アパレル産業ですが、資本市場における評価はこの三十年全く別のものでした。

また、ＩＴ産業の台頭によりその相対的地位が低下していますが、エクソンモービルは以前は時価総額で世界一位の企業でしたし、今もサウジアラムコなど石油関連企業は上位に何社もランクインしています。

環境破壊を前提に、地球環境という希少資産を安く買い叩けば買い叩くほど、利益が出てしまう構造ですらあるのです。

ディーゼル車とＥＶから考える社会的コスト

そもそも社会的コストとはどういったものでしょうか。具体的な事例に触れながら、紹介していきたいと思います。

旧来のガソリン・ディーゼルエンジンを前提とした自動車産業vs.ＥＶ（電気自動車）産業を、短期的な利益創出の視点と持続可能な社会を目指す視点から考えてみましょう。

トヨタが短期的な利益（＝当期純利益）を最大化するためには、ＥＶの開発などに投資するのではなく、できる限り既存の自動車の販売台数を伸ばし、スケールメリット（規模の経済）を生かした生産・販売を通じてバリューチェーン（価値連鎖）全体のコストをできる限り引き下げていくことになるでしょう。

ガソリン自動車が誕生した十九世紀末、鉄道と船が最大のインフラでした。だからこそ、個人が所有でき、個人が運転できるという利便性を持った自動車は、生活や社会インフラとしても価値がありました。

そのため技術を標準化し、量産化し、価格を抑えて、できる限り大勢の人に購入してもらうモノを作ることが、企業価値の最大化において最も重要な要《かなめ》となったのです。

そうした背景を踏まえて、ＥＶを積極的に推進する理由とそうでない理由を考えてみましょう。

積極的に推進する理由

・ＥＶのほうがＣＯ$_2$排出などの環境負荷が小さい
・長期的にＥＶ化が進んだ際には、技術的リーダーポジション、ブランディングを獲得することで、ＥＶ時代の市場シェアを高めることができる

積極的に推進しないほうが良い理由

・ＥＶ開発の先行投資によりＰＬ（損益計算書）とＣＦ（キャッシュフロー）が悪化する
・これまで開発投資をしてきた技術資産の価値最大化の観点ではマイナス
・ガソリン車とＥＶが需要を食い合い、規模の経済による効率性が低下する
・充電設備などインフラが整っていないため、整うまでは普及期が来ない
・インフラ整備にはコストがかかるし、ユーザーのランニングコストが高く、富裕層などに需要が限られてしまう

短期的なリターンを重視する投資家であれば、利益が減少してしまう戦略を嫌うことでしょう。しかし、「持続可能な社会」に世の中が向かっていくという長期的なシナリオを評価する投資家であれば、いずれＥＶが市場を席巻し社会コストが下がるくらいインフラが

整備された際には、価格競争力が逆転すると考えるでしょう。

次に、「持続可能な社会」を目指す視点からそれぞれを比較します。

ガソリン車

・生産コストは十分に下がっているため、研究開発投資は小さい

・一方で、CO_2排出に関連する環境負荷に対するコストが高騰した場合、ユーザーにとってランニングコストが上がる

・ガソリンの値段が高騰すると、ユーザーにとってランニングコストが上がる

つまり、生産コスト＋環境コスト＋ランニングコストの総和で見た際に、社会的コストが増大すると、コスト競争力を失ってしまうということです。加えて、ガソリン車が普及し、環境負荷が大きくなることで、間接的に生活環境が悪化するデメリット（＝ある種のコスト）も受け入れなければなりません。

ＥＶ（電気自動車）

・スケールメリットが働く（バッテリー容量増大・出力拡大、生産コスト低減）ことで生産コストが下がる
・環境負荷に対するコストが小さい
・ガソリンなど希少資源への依存度が小さい。再生可能エネルギーなど環境負荷の小さい発電が増えることで、クリーンエネルギーが石油に対しても価格競争力を持つ

つまり、生産コスト＋環境コスト＋ランニングコストが競争力を有するということです。この視点は、単なる製品原価や利用することに関わる原価（ガソリン代など）という直接原価だけ見ていると、社会的価値を見誤るということを示しています。

持続可能な社会の実現を目指すなら、「モノ」に紐づく財務三表に表れる財務情報だけではなく、広くステークホルダーを見た場合の広義の社会的コスト、「モノ」に紐づかない非財務情報などを総合的に判断していく視点が大事なのです。

日々生活をしていると、居住費、飲食代、交通費など、ある程度これくらい必要という価格や予算の目途がありますが、それらはあくまでも今の資本主義が生み出した社会インフラや生活様式を前提としたものです。

異なる価値観により生み出される価値は異なって当然です。社会的コストが下がると同時に、利用者にとっての生活コストも低下し、結果的に無理なく生活費や交通インフラの利用料を支払うことが可能になるという点も重要です。それが可能になることによって、むしろ高い金額でも支払うことが合理的になってくるのです。

今後は、消費者一人ひとりが自分の中で、どのようにお金を稼ぎ、使っていくのかを考えることが必要になります。自分自身が大切にするモノやコトを基準に行動し、その価値観を共有する人が集まるコミュニティが生まれていくことが第一ステップではないかと思います。

「通勤はしたくない」「食べ物は地産地消で有機野菜を食べたい」「休暇は海外旅行や遠出ばかりではなく、近くの自然や観光資源をゆっくりと楽しみたい」……そういう生活に価値を感じるところに少しずつ人が集まっていくなら、それらを実現させるのに必要なインフラを少しずつ整備していけばよいのです。

既存のインフラを前提に生活を設計するのではなく、そういったサービスを組み合わせて、便利かつ独自のインフラをつくっていけばよいのです。

そういった社会においては、平均所得や、平均的なお金の使い方などは意味をなさなくなります。なぜならば、個人はもちろん、コミュニティごとに価値観は異なるからです。平均所得が高いほうが優れているわけではなく、どのような価値観であるかが重要になるのです。

このような考え方を浸透させるためには、一人ひとりができる限り裕福になることと、お金の価値に縛られない価値観を大切にすることが不可欠です。「投資家マインドを持つ」とは、モノの価値を自ら規定できるようになるということです。投資家の最大の仕事は、その価値を見極めることにあるのです。

持続可能な社会を実現するのはお金より人

私はこれまで大企業の経営者や投資家のアドバイザーを通じて経営や投資に触れ、自らも投資を行なってきました。今はスタートアップの経営や投資を行なっています。皆様々な悩みがあるのですが、最大の悩みは人材です。皆、人材が足りないと嘆いています。新たなことを始める、大きな挑戦を行う、この難局を乗り切る、競争を勝ち抜く……求められているのはその実現を可能にする人材です。

お金についてはどうでしょう。自然資本（森林や鉱物）、人的資本（生涯にわたった所得）、生産資本（建築物やインフラ等）、対外純資産を合計した世界の富は何十京《けい》とも言われていますー（『The Changing Wealth of Nations 2018』参照）。「京」とは兆の一万倍ですからまさに桁違いです。そして、現在ＳＤＧｓや社会インパクトを狙った投資資金は二〇〇〇兆円を超えていると言われていますし、今後はもっと増えていくでしょう。

社会課題の解決のために二〇〇〇兆円といった途方もない金額が、本当に必要なのでしょうか。最終的には大きな投資額が必要になってくるかもしれませんが、そのきっかけを作るには決してそんな大きな額は必要にならないと考えています。

なぜなら、最大の支援者である消費者が存在しているからです。世界のＧＤＰの総和は約一京円と言われています（https://data.worldbank.org/indicator/NY.GDP.MKTP.CD 参照）。消費者の経済活動が持続可能な消費に向かえば、企業活動の資金源となり得ます。企業活動の資金調達は外部の投資家や金融機関からの調達に限りません。

事業活動を通じての売上は事業家都合の資金であり、消費者がその企業の商品を支持して購入すれば、投資家からの巨額の資金調達だけに頼らなくてもよいのです。そうやって、メルカリもAmazonもTeslaもSpaceXも資金を回しながら事業を成長させるサイクルを生み出してきたのです。

Amazonはキャッシュフロー経営を重視している企業として有名ですが、常に資金回収を資金支出よりも先行させることで、事業から資金を獲得できる仕組みを構築しています。事業が成長し続ける限り、また新規事業やM&Aなどの大型投資をしない限りは、お金に困ることがないのです。

SpaceXが難しい宇宙産業の民営化であれだけ成功しつつあるのは、NASA（航空宇宙局）という巨大な消費者が米国内にいたことが大きいのです。日本が宇宙産業で出遅れているのは、大きな顧客が存在しないからとも言えます。消費者がいるかいないかは、未来産業を創っていく上ではそれだけ大きな差になるのです。加えて、SpaceXは打ち上げ成功時に全額資金を回収するのではなく、開発段階にマイルストーンを置いて、最も資金負担が大きくなる開発資金を実質的にユーザー企業（含むNASA〈航空宇宙局〉）に立替させることで、効率的な開発投資と事業拡大を可能にしています。

「なぜ？」を企業価値と結び付けるソニー

サステナブル資本主義を実現するためには、それを可能にする人材と、その企業に共感する消費者を数多く生み出すことが必要です。

つまり、その人材を長期的に雇用し、消費者の共感を獲得していく力強い「ミッション」

が必要なのです。

ミッション、ビジョン、バリューを重視している代表的なスタートアップにメルカリがあります。ミッションを重視することで優秀な人材を集め、優秀な人材を事業の競争力に変換することに成功しています。

これらのスタートアップのノウハウはグローバルでも共通しており、日本の代表的なグローバル大企業であるソニーも、近年はパーパス（存在意義）経営を強力に推進しています。ソニーが何のために存在しているのか、社会、従業員にとっての「なぜ？」を考えることを経営の仕事とし、存在意義を常に言語化し発表することで、企業の価値と結び付けようとしているのです。

ソニーの復活に向けて様々な解説がなされています。色々な要因が重なっているのは間違いないのですが、以前のソニーはテクノロジーやプロダクトのとしての優位性や競争力、また財務リターンといったものにより価値を求め、それで企業価値を向上させようとしていたと思います。

「PlayStation」は任天堂という強力なライバルがいたからこそ、それを超えるグラフィック性能やそれを可能とする半導体の性能で差別化しようとしていました。

そのやり方が限界を迎え、二〇〇三年、「ソニーショック」を引き起こしました。

その呪縛から抜け出すには長い時間が必要でしたが、近年のソニーの製品を見ると、単なるテクノロジーのアピールではなく、ユーザー視点でビジネス設計をする事業が多く出てきています。PlayStationのゲーム事業もそうですし、半導体、カメラ事業、コンテンツ事業、すべてが存在意義を意識した形で事業の意思決定がされているように思います。

デジタル画像の目であるＣＭＯＳ《シーモス》イメージセンサー（半導体回路）は、求められる市場を探し、その市場に合わせて価値を高めていこうとしています。ゲーム事業もプレイステーションのグラフィック能力をアピールするのではなく、ユーザーが楽しむためにはどうすればよいのか、という軸で事業設計がされるようになっています。これは実に大きな考え方の構造転換です。最高のテクノロジーを詰め込むよりも、値付けを「ユーザーが求める価値を実現するスペック」と考え、いかにユーザー（＝消費者）がこのサービスや商品に熱狂し、共感し持続的に楽しんでもらえるのかということを軸に考えるようになっているのです。

テクノロジーはあくまでもそれを支える基盤であって、テクノロジーが最高だから消費者への提供価値が最高であるという発想は捨て去っています。

ソニーの復活は、大きな事業構造の転換、財務的な規律を取り戻した、ゲーム事業など事業の復活、などと言われることもありますが、本質的には価値観をテクノロジーから消費者や社会に変化させるという大きなパラダイムシフトの結果だと思います。テクノロジーや財務戦略などはあくまでもそれを支えるためのツールでしかないのです。

例を挙げるとキリがありませんが、存在意義を軸に経営の方向性を明確に打ち出し、再生した好例と言えるのではないでしょうか。

リターンドリブンからミッションドリブンへ

スタートアップ投資において、消費者は市場です。「TAM（Total Addressable Market）」という言葉があります。

これは昨今のテクノロジー企業の投資において極めて重要な指標なのですが、端的にはその企業が獲得可能な市場の最大規模を指します。まだ顕在化していない市場規模も含まれたものであり、仮に想定される消費者がこのサービスを購入した場合にどれくらいの金額規模になるのかということです。

このTAMが巨大であればあるほど、投資家にとっては大きな魅力となります。消費者の共感とは、それくらい投資的魅力に直接的に影響するものなのです。

だからこそ、できる限りシンプルな価値訴求で、一度特定のユーザーから強い共感を勝ち取ったサービスには大きな価値が認められるのです。共感は伝播《でんぱ》し、シンプルがゆえに数多くのユーザーが共感するサービスになる可能性があると考えられるからです。

魅力的な市場に優秀な人材がいれば、その企業の未来は明るいと評価される可能性が飛躍的に高まるでしょう。

一度消費者の共感を集めると、それを投資家は高く評価します。ＰＭＦ（プロダクト・マーケット・フィット。当該サービスが市場に受け入れられている状況を指す）という言葉がありますが、まさにその状況です。ＰＭＦを達成し、かつユニットエコノミクスが成立している（収益的にも利益がでる構造になっていること）と、投資家はその企業を高く評価するからです。売上が小さく赤字のスタートアップが多額の資金調達が可能になっているのはそのためです。

ＰＭＦの達成を図るためには、必ずしも大多数の消費者の存在が必要はなわけではありません。ごく少数でもその価値を理解し、消費行動に移す消費者の存在が認められれば、あとはその消費者の数や消費額を増やしていけばよいと考えることができるからです。

企業価値の評価には将来の成長性を織り込んでいくのですが、すでにそこに消費者の高い熱量や共感が感じられれば、大きな企業価値の評価につながります。だからこそ、ごく限られた消費者の力が、スタートアップや社会課題解決につながるような、長期的な社会を形作るサービスを飛躍させる大きな原動力となるのです。

共感を武器にした資金調達の事例に、最近急速に普及しているクラウドファンディングを活用した仕組みがあります。プロの投資家から資金調達をするのではなく、消費者に該当する個人から資金を募るプラットフォームです。

クラウドファンディングサービスを行なうREADYFORなどは、資本市場の枠外で資金を求めている災害支援などのプロジェクトに、共感性を活用しお金を流すことを狙っています。

クラウドファンディングはビジネスやプロダクトにも活用されており、共感により資金と消費を生み出していくサイクルをつくり出している好例と言えます。これらクラウドファンディングにおいては、多様なミッションを持ったオーナーが、なぜそれをやるのかという「意義」を前面に押し出し、個人の共感をお金に換えていると言えます。

「なぜやらねばならないのか」というミッションにはお金を動かす大きな力があり、消費者がそこにお金を投じるのです。

サステナブル資本主義はミッションドリブン（ミッションを軸にした経営）です。旧来の資本主義がリターンドリブンで労働力を買うための仕組みだとすると、サステナブル資本主義は、ミッションドリブンで、消費者と労働者の共感を買うための仕組みです。

労働力を買い叩くだけでは、持続的な価値は創出できません。長期的な課題を解決するようなサービスは消費者とともに時間をかけて生み出していく視点が不可欠ですし、それを可能にする優秀な労働者の存在が必須だからです。

メルカリ、ＬＩＮＥやSmartHRなどの事例のように、消費者や労働者の共感を集めることができれば、大きく拡大することができるのです。


もう一つ事例を紹介します。

私が社外取締役を務めているＳＨＩＦＴという会社があります。ソフトウェアの品質保証のためのテスト事業を主力事業としており、具体的には実際にそのソフトウェアをレビューしてデバッグし（エラー探し、バグ出し）、開発時に発生する様々な問題を第三者機関としてチェックし、ソフトウェアとしての品質保証や開発支援を行なっています。

日本はＩＴ後進国と言われるようになっていますが、それは企業内のＩＴ人材が不足していることと関係しています。企業が外部のＩＴベンダーに丸投げする構図を生んでおり、この状況を打破するには、効率的な開発や、ＩＴ投資による生産性の向上が不可欠です。

ＳＨＩＦＴはこれを可能にすることでユーザー企業の共感を生み出し、事業を営んでいます。当該事業を通じて社会全体のデジタルコストを低減させ、その観点でＳＤＧｓに適合した事業を営んでいます。私はＳＨＩＦＴは極めてＳＤＧｓにフィットした企業だと思いますし、日本にこそ必要な事業だと思います。

日本は今後、高齢化社会が進み、生産年齢人口、労働生産性の低下などの課題を抱えています。ＳＨＩＦＴは労働生産性の向上と、企業のデジタル化にまつわる社会的コストを低減することを目標にしています。

このようなミッションを掲げられる企業であれば、ユーザーである企業から共感を得ることができ、事業拡大の原動力になっていきます。まだ成長の初期的段階にいる企業ですので、今後拡大できるかはこのミッションに従って経営をやり続けることができるかどうかにかかっていますが、明確に社会に発信できるミッションがあるのは強いのです。

多くの企業がＳＤＧｓのテーマに自社の事業がいかに適合しているかということを考え、積極的な開示（情報発信）を行なおうとしています。特に、上場している大企業はこの問題は避けては通れなくなっています。

経営におけるＳＤＧｓや持続可能性の観点というのは、そのサービスをさらに発展させ、社会的価値を高めていくための大きな方針として捉えていくことが重要だと考えています。

その観点で見てみれば、例えば、ＬＩＮＥであれば個人情報をデータで集約化し、個人情報を安全にかつ個人また社会に有意義に活用していくためのプラットフォームとして発展していくかもしれません。メルカリは単なる中古品を流通させ循環型社会を実現するに留まらず、モノの所有の意味や個人の消費行動、また企業の生産行動自体をより効率的にしていくプラットフォームに発展していくかもしれません。

マッチングアプリに至っては、単に援助交際の温床となる不謹慎な男女の出会いの場と考えるのではなく、より効率的に人が出会い、より相性の良い出会いを効率的に得ることができ、人生を幸せにしたり、結婚する人の数を増やすことで、医療費や介護費用の削減、少子化といった社会課題を解決するツールになっていくかもしれません。

すべては今提供しているサービスの機能だけを見ていくのではなく、その企業がどのように発展していくかというミッション、羅針盤の役割としてＥＳＧやＳＤＧｓの観点を議論していくことが、今企業経営に求められていることだと思います。

投資家も単に今のサービスがどれだけCO_2を排出してしまっているのかではなく、どのような未来社会をイメージし、その実現に向かっていこうとしているのか、その長期的な方向性と、それを実現するに足る人材や財務といった資産を保有しているのか、それを効果的に活用する経営やその仕組みであるガバナンスが機能しているのか、という観点で企業を評価しようとしているのです。

つまり、長期的に社会の変革していく消費者からの共感性の高い熱量を持った塊（付加価値の源泉）がすでに存在しているのか、そしてそれが拡大する仕組みを有しているのか、という視点で投資判断をしていくのです。

ユーザーとオーナーの共感ビジネスの例、Airbnb

一例として、Airbnb（エアビーアンドビー）というアメリカ発の民泊サービスを見てみましょう。

Airbnb は個人が所有する一軒家やマンションといった居住スペースを利用できる権利を、一年間三六五等分して、ユーザー（＝消費者）に販売することを可能にするプラットフォームです。

世界中で広がりを見せているサービスですが、こういったサービスが普及するには、どういう条件が必要でしょうか。

まず、不動産やホテル業など実は様々な規制との調整が必要になります。また、不動産という希少かつ高額な資産を貸し出すわけなので、トラブルやリスクが発生する可能性があります。

こういったコストは無数に存在しています。それらを乗り越えて世界中で普及している原動力に、Airbnb の世界観へのユーザーからの強い共感があることは無視できません。

旅先や出張先での宿泊は基本的にはホテルを利用する必要があります。ホテルの設備は老朽化する上、大量消費の性格も持ち合わせており、必ずしも社会的コストが低いとは言えません。

そこに、Airbnb は個人所有の不動産を時間で分割して共有することで、コスト競争力と選択肢の多様性を提供することを可能にしました。よく言われるシェアリングエコノミーです。

このサービスを実現するには、ユーザー（＝利用者）が共感するだけでは十分ではありません。不動産を提供するユーザー（＝オーナー）もこの価値観に共感する必要があります。それぞれのユーザーがこのサービスを利用することで、ユーザーが求める未来に近づいていくと感じたからサービスが世界中で普及したのです。

Aibnb はこのサービスの拡大の本質を、ユーザーを中心としたステークホルダーの共感にあると考え、株主だけではなく、従業員、利用者、不動産オーナー、そのサービスを支える人々（リネン交換などの周辺サービス提供者）といった広義のステークホルダーが共感を感じるように、戦略やブランディングを「ステークホルダーの共感」という形で統一しています。共感の力を最大化する方向で、それぞれのステークホルダーがサービス拡大の方向に力を発揮できるよう経済的なリターンや動機付けといったインセンティブを調整しようと試みています。

Aibnbが普及するためには、最初に不動産オーナーが自分の家を貸し出すという第一歩が不可欠です。そうして、この世界観に共感したユーザーが徐々に増加し、気がつけば大きなプラットフォームへと成長していくのです。こういった事例は、今後増えていくでしょう。

スタートアップが数%しか生き残れない理由

では、消費者は社会変革や社会実装に向けて、極めて大きい影響力を持っているにもかかわらず、なぜその力に気がつけないのでしょうか。

いくつか理由はありますが、その一つは、まだ持続可能な社会を目指すには十分に豊かでないという事実です。もしくは、もう十分に豊かであるにもかかわらず、無駄なものにお金と時間を使いすぎているのです。

便利で安価なサービスであれば、持続可能性など全く考えずにそのサービスを利用してしまうのです。既存の資本主義のルールでは多くの場合、消費者に考えさせないほうが利益や株主価値の最大化に都合が良いのです。市場を創出する際に、消費者にこの価格が妥当であると信じ込ませることができれば、消費者はその価格で今後も喜んで消費活動を継続してくれます。

また、企業にとって価格を決めることは極めて重要であり、その価格を前提に販売戦略を考え、顧客獲得の効率性を確認しながら、適切な広告宣伝活動により売上成長を最大化しようとするからです。価格を消費者に妥当であると信じ込ませることができれば、利益成長はより簡単に実現できるのです。

一方で、価格の妥当性が揺らいでしまうとそうはいきません。競合製品が出てきたり、代替製品が出てくる場合に、その価格の妥当性が問われてしまいます。これはその製品の根源的な価値とは関係なく、資本主義のルールにおける生存競争の中で生み出される話です。消費者が価格について考えない状況がいかに企業にとって都合が良いかご理解いただけたでしょうか。

今、私はスタートアップの成長を経営や投資を通じて支援をしています。その際にいつも苦労するのは、売上を伸ばすことに直結する「ＰＭＦ」を実現することです。

ごく少数でも構わないのですが、ある商品を、ある価格で購入する合理的な理由が存在し、経済的にもそれが説明可能である状況です。例えば、月額一万円でスポーツジムを使い放題できることに魅力を感じるユーザーがいることが確認できた、といった状況を指します。

ＰＭＦを実現するのは簡単なことではありません。スタートアップの生存確率については色々なところで数値化されていますが、数％と言われています。その多くがＰＭＦを実現しきれずに起業家がモチベーションを失ったり、その事業から撤退したり、解散したり、資金繰りが続かず倒産したりしてしまうからです。

もし、価格やサービス、品質に過剰に敏感なユーザーしか存在しなければどうなるでしょうか。環境破壊を繰り返していても、価格と品質のバランスが良いものを、それ以上考えることなく購買する消費者ばかりであればどうなるでしょうか。おそらく、持続可能な社会を実現するサービスをＰＭＦとして実現させていくことは極めて難しくなるでしょう。

完成された商品になれば、多くの消費者がそれを買い求めます。また、徐々に規模の経済が働くなどして製品の価格も低下していくでしょう。

液晶テレビの価格が毎年二〇～三〇％という勢いで低下していた二〇〇五～二〇一〇年頃のことを覚えていらっしゃる方も多いでしょう。皆が購入することで価格が低下し、価格が低下することでより多くの消費者が購入することができるようになるというサイクルです。

昨今の「ＳａａＳ（Software as a Service）」などのサブスクリプション型のビジネスは、このメリットを先取りしたものと言うこともできます。最初から一定の規模拡大を前提とするのです。その分、事業拡大の初期に大規模な資金が必要になります。規模の経済を加味した安価な価格で販売するので、損益分岐点が大幅に高くなってしまうからです。

この手法のメリットは、最初から魅力的な価格を提示することで、平均的な消費者もアーリーアダプターとなることが可能になることです。これにより共感を得るユーザーを商品の共感性によって選択することができるのです。これは共感を重視した事業の立上げをする上では極めて強力な武器であり、だからこそサブスクリプション型のスタートアップが近年急増しているのです。

私が現在投資している先も、多くはこのような特徴を持った企業です。先立って大規模な資金が必要になり、それを実現するリスクマネーの提供が必要なのです。

そのようにアーリーアダプターの共感を得て、非の打ちどころのない商品が生まれていきます。自動車や携帯電話端末が良い例でしょう。明らかに最初に登場した頃よりも製品としての完成度は高まっていますが、価格は安くなっています。

一方、商品が開発された初期の段階ではどうでしょうか。まだまだ価格も高く、製品も完成されたものとは言えず、売れないかもしれません。その会社に優秀な人は集まらないし、資金調達は困難を極めるのです。そうなると企業は存続が難しくなり、持続可能ではない既存の商品やサービスの牙城《がじょう》を崩すことができません。

当然、そのギャップを埋めるために投資家も最大限のリスクマネーの提供を試みますが、それにも限界があります。難しい課題とは、一定のサービス品質に到達するために時間とお金が必要な事業でもあるのです。

そこに、「考える消費者」が存在すればどうでしょうか。考える消費者とは、そのサービスが今後の社会に不可欠であり、時間とともに改善を繰り返し、いずれは大きな社会的価値をもたらすことを理解してくれる消費者です。商品が持つ価値観や未来に共感し、初期から購入をしていけば、少しずつその商品の品質と価格のバランスが改善していくのです。

クラウド、物流……ユーザーが拡大させるサービス

今、世界中で「ＳａａＳ」が急拡大しています。

このサービスの特徴は、技術的にソフトウェアであることや、クラウドを活用しているということだけに留まりません。一度契約しそのサービスを利用すると、徐々に機能が拡張され、ＵＩ／ＵＸ（ユーザーインターフェース／ユーザーエクスペリエンス〈利用者の接触面／利用者の体験〉）が改善され、使いやすいものになっていくのです。

初期の商品を使っていく中で不満や改善点に気づいたユーザーがそれを指摘し、企業がその声を聞いて改善を繰り返していきます。まさにユーザーが商品を作っていくことで企業と消費者が価値観を共有し、相互にメリットのある社会を実現しているのです。

ソフトウェアの世界では古くはWindowsもそうでした。バグだらけだと言われながらも製品をリリースし、一方でバグの情報を収集し、ものすごいエネルギーをかけてそのバグを取り除き改善点を見つけては、プロダクトのアップデートを繰り返していったのです。

もし、消費者がインターネットや情報革命がもたらす利便性に対する理解が全くなく、単にバグがあるというその一点だけで購入を控えていたとしたら、今ほど社会が便利になるにはもう少し時間がかかっていたかもしれません。

Netflixも同じです。当初は企業の資金力も乏しく、コンテンツ開発にかけられる予算も限られていたでしょう。次第にユーザー数が増え、企業の投資余力が拡大するにつけ、巨大な予算でコンテンツが制作できるようになるのです。当然、コンテンツの品質は向上し、同じ価格であってもユーザーの満足度は向上していくのです。このような未来を信じる消費者が初期から存在したことで、このサイクルが生み出されたのです。

消費者の共感から始まる事業の拡大は、「ネットワーク効果」でもあります。ネットワーク効果とは、事業が拡大することで、さらにその事業の競争力が増大していくという関係性を有した事業モデルのことです。このような仕組みを有しているビジネスモデルにおいては、初期の消費者の共感は大きな力を生み出します。

まだ拡大途中ではありますが、私が投資しているオープンロジの事例をご紹介します。オープンロジは、ECにより生じる物流という課題を解決するサービスを提供しています。ダイエーやイオン、セブン‐イレブンやユニクロといった小売業を営む企業にとって、物流は企業の競争力そのものであり、多くの時間やお金を投資しています。

一方で、近年急増しているEC事業を営む小売事業者にとっては、物流よりもサービスそのものや、顧客獲得や顧客の満足度向上といった施策が重要です。それはインターネットにより直接ユーザーと緊密な関係性を構築することが可能になり、一%の物流コストの低減よりも、売上の拡大やユーザー単価の向上のほうが圧倒的に企業価値に影響が大きいからです。

ＥＣ小売企業にとって物流は難しく重要ではあるのですが、それほど時間をかけられるものではなく、できれば外部に委託したいというニーズが存在しています。

例えばインターネットショップを開設できるプラットフォームを運営するShopify（ショッピファイ）でＥＣ店舗を運営している企業が、オープンロジのサービスを利用するとします。そこで商品が売れれば、宅配まで行なうというサービスです。この画期的なサービスを利用することで、ユーザー企業側で大規模な物流サービスを連携するためのＩＴ投資、物流拠点の整備や物流網の戦略が不要になります。

便利なサービスでも創業時は圧倒的な欠点が存在します。消費者にとって便利なサービスを実現するためには大規模な開発が必要で、それを実現する大規模な物流ネットワークが必要になるからです。

二〇一三年の創業から八年が経過しているオープンロジですが、多数のユーザー企業に利用いただくことで、より汎用的なプラットフォームとして進化を続けています。

複雑で多様な物流サービスに対応し、多くの物量を実際にさばくことで、パートナーである倉庫企業にとっても貴重な存在として認識されるようになってきました。正直、利便性は、創業時を圧倒的にしのぐものです。だからこそ、初期のユーザーに利用していただいたことは極めて重要であり、それなしには今日までの成長は実現不可能なのです。

例えば、未来の物流の姿に、もっと早くから多くのユーザーに共感してもらっていれば、あるいはデジタル化が遅れる、物量の拡大にネットワークや人材が追いつかないなどの課題に皆が気が付いていれば、早くに成長していたに違いないのです。

物流業界のような難しい社会課題に早くから挑戦していることを尊敬し、熱量を持って支援をしています。消費者の共感の力が大きいことも実感しています。

明確な利便性、社会的価値、持続可能な社会の実現に必要だという圧倒的なユーザーからの共感がなければ、乗り越えられない課題はまだまだこの世の中に数多く存在しています。

千差万別ではありますが、どの課題も解決には投資家や企業の努力だけでは足りないことが多いのが実態です。だからこそ、本書で言う投資家マインドを持った「考える消費者」の共感が重要なのです。

「考える消費が未来をつくる」ということにイメージが湧きづらい方もいるかもしれませ

んが、ある程度世に名前が知られはじめたサービスも、個人向けサービスでは一万〜十万単位の人数、法人向けであれば数百社にしか利用されていないのが実態です。どんなサービスも、それが誕生した瞬間は、利用者は〇です。投資家は、〇から一、一〇、一〇〇と利用者が徐々に増えていくところに熱量と効率性があるかを見極めて投資します。

日本人は完璧なサービスやプロダクトしか出したがらない傾向が強いですが、最初から完璧である必要はなく、消費者の声によって改善をし、より価値の高いものにしていけばよいのです。

次章で詳しく述べますが、サービスやプロダクトに共感し、価値を感じた消費者が行なう「考える消費」は投資家の資本を動かします。「インフルエンサー」とは「影響力のある人」を意味しますが、消費したサービスが拡大して社会に影響を与える、という意味では本来は一人ひとりの消費者が皆インフルエンサーなのです。

第三章

投資家マインドの消費が未来をつくる

消費者＞労働者＞投資家

社会を変えるには、投資と労働と消費の三つの社会的循環が必要ですが、この影響の大きさ、影響の順序を考えることがサステナブル資本主義では極めて重要です。

投資家＞労働者＞消費者と考えている方も多いかもしれません。トヨタやAppleに投資している投資家はすごい人で、またトヨタやAppleで働いている人もまたすごい。企業にとって消費者が大事と言っても、投資家とそこで働く従業員のほうが与える影響が大きいに違いない、といったように。

私は、持続可能な社会を実現する上では全く逆であるべきだと思っています。影響力の大きさは、消費者＞労働者＞投資家という順番になっていく必要があると思います。

なぜなら、消費者がいなければ労働力を確保する意味はなく、企業も存続できないからです。消費者と労働力がなければ、投資家は資金を投じないでしょうし、その資金がなければ労働力が購買できず、そして商品やサービスを消費者に届けることができなくなるからです。

この社会的循環において投資家の資金提供に軸足があるのが資本主義であり、消費者による消費行動により生まれるお金の影響に注目したのがサステナブル資本主義です。

お金があふれている今、持続的な社会をつくっていくには、ただお金だけでは無理で、実体経済を構成する消費者が主体になる必要があり、投資家だけでは無力なのです。投資を行なっている私が日々実感していることで、会社という実体、そこで働く優秀な人材という実体、消費という実体なしには、大きな変化はなし得ないのです。

今、世界中で空前のスタートアップブームが起きています。テクノロジーやビジネスモデルやアイデアを使って様々な便利なものが開発され消費者である私たちや企業に届けられています。

実は、多くの場合、最終的なプロダクトに使われるテクノロジーはコモディティ化し、ビジネスモデルやアイデアも模倣される時代です。だからこそ、企業はできる限り優秀な人材を集め、できる限り多くの消費者を獲得しようと必死になるのです。消費者は市場であり、魅力的な市場の存在が企業価値を押し上げ、大きな資金調達を可能にするのです。

調達できた資金は製造業であれば工場への設備投資やモノづくりの開発資金や運転資金などに投下されます。一方で、昨今増えているインターネットやソフトウェアを主体とした企業では、固定資産は持たず、資金は商品を開発する人（エンジニア）と消費者を集めるための営業マンや広告宣伝費に投下されているのです。

それだけ消費者と人材の獲得そのものが競争の主戦場になっているということです。持続可能な社会の実現に向けては、気候問題などの残された難しい課題の解決が不可欠です。そのために、適切な問いを立て、サステナビリティの観点で正しく構造化し、ビジネスを通じて解決していけるかが求められています。

もちろん難しい課題ばかりではありませんが、大きく世界を前進させるためには、難しい課題も同時に解決していくことが不可欠です。そのための鍵が人材と消費者にあるのです。「考える消費者」の存在は、スタートアップにおいて最も重要な初期ユーザーの共感の獲得を支援することに繋がります。

また、社会を変えていくのは人材であるということは日々実感しています。私も日々、投資先や支援先、経営に関与している企業に対して、様々な戦略的議論や、資本政策などの財務的な議論を行なっていますが、最も重要であり時間をかけているのは、人材獲得や組織、そしてそれらを機能するための仕組みの設計、ガバナンスの設計なのです。

戦略や仕組みについて私自身が直接貢献することも微力ながら可能ではあるのですが、それを実行していくのは組織であり人材なのです。だからこそ、多くの時間を人材や組織やガバナンスに使っているのです。

また、投資検討の際に、できる限り多くの方と直接対話し、その会社に根付くカルチャーをできる限り実感し、ガバナンスがどの程度機能しているのかを見極めようとしています。人材と組織が企業をつくる最大の資産だと考えているからなのです。

投資家ではなく消費者が世界を変える

私自身も企業への投資を検討する際には、企業が長期的に社会に必要な存在になり得るのか、といった社会性を極めて重視しています。

二〇二一年、ユニコーン企業の仲間入りを果たしたSmartHRは今後ますます重要になる「人が働く」という価値を創造するための社会的行動をより滑らかに、効率的にし、労働者に働き甲斐を提供し、企業や人の社会的存在意義を高めていくために大きく貢献しうる企業だと考えています。

ベルフェイスは、営業にデータ分析やデジタル技術を取り入れ、より科学的なアプローチを支援しようとしている会社です。営業とは消費行動を促進させるための営みであり、消費を効率化させることができれば、社会がより良い方向に向かうと考えています。

オープンロジは、今後社会的ニーズがますます高まる一方、インフラとして持続可能性をどのように担保していくかという物流の社会課題に真正面から取り組んでいます。多くの物流を必要とする企業に、部分最適ではなく社会的に最も効率的な未来の物流の在り方を提示しつつ、物流の悩みから解放することを目指そうとしています。どれも異なる視点ではありますが、未来志向で社会性の高い事業を目指している企業だと評価しています。

具体的に投資している企業の例からもご理解いただけると思いますが、社会性を重視しているというのは、単に善意の表れといった話ではなく、これこそが長期的に大きな価値創造をするための必須要件だと考えているからです。

課題が存在していない状況で付加価値を創出するのは極めて難しい。ましてや、大きな付加価値となればなおさらです。なぜなら、すでに解決している課題には、それを解決する商品やサービスがあり、すでにそこに値段がついているからです。

より大きな価値を提供しない限り、消費者がより高い価格を支払う理由にはなりませんし、既存の商品から乗り換えることもないでしょう。仮に価値が高いものであったとしても、企業が価格競争という過当競争に陥ってしまうと、先行投資の回収が難しくなり事業としての持続性が失なわれてしまうでしょう。

一方で、まだ解決していない難しい課題に対するサービスであれば、本来なら消費者は高い付加価値を認めるはずです。問題は、その価値を正しく消費者が認識できるか、企業側が高い価格設定でそのサービスを事業化しきれるのか、それに人材と資金がついてくるのかということです。

経営者と投資家は全く異なる存在だという意見もありますが、サステナブル資本主義を考える上では両者は同質性が強く、思考形態という観点ではお互いに似ていると思います。本書ではそれらを投資家マインドとします。

経営者の視点と投資家の視点の両側面から感じるのは、経営者と投資家だけでは社会は変えられないということです。持続可能な社会の実現も、この二者だけでは不可能だと強く実感しています。

持続可能な社会の実現を可能にするのは、投資家ではなく消費者、つまり私たち一人ひとりだと思っています。

何を今さら、そんなこと当たり前じゃないかと思ったかもしれませんし、何を言っているか全くわからないという方もいるかもしれません。その理由についてもう少し説明を加えていきたいと思います。

社会課題は一朝一夕では解決しないでしょう。だからこそ長期的な挑戦をし続ける必要があります。少額の資金で事足りるケースもあるでしょうが、我慢強く取り組んでいくためには、相応の先行投資が必要になることでしょう。

つまり、資金調達を持続的にし続ける必要があります。特に、前に述べた広範な社会的コストを考えていく必要がある事業や社会課題に取り組む際には、それを乗り越えていくためにはビジネスモデルとしても、収益化までの期間は長くなることが想定されるでしょう。

ここで企業ファイナンス（資金調達）における基本的なお金の流れについて説明しておきたいと思います。

極めて簡単に言えば、投資家、労働者、消費者の間でお金は循環するのです。順を追っていけば、投資家が出資を通じて会社に資金を提供します。会社はその資金を活用して労働力を買います。労働力を活用して生み出した製品やサービスを、消費者（や消費者たる企業）に提供し、その対価として売上という資金を得ます。

このように資金は投資家、労働者、消費者と循環し、徐々に大きな資金のうねりとなっていきます。これは企業の成長と重なってきます。

ここで大事なのは、企業にとって、消費者から得た資金＝売上高は、資金調達の役割も担っているということです。消費とは企業にとってファイナンスの一種なのです。

さらに、重要な事実があります。それは、投資家による出資は企業価値を増大させることはありませんが、消費者による消費は企業価値を増大させられるということです。

　これだけ影響力のある投資家マインドを持った考える消費を行うようになるには、一人ひとりが、消費の力の大きさを認知することが第一歩だと思います。

　投資家マインドとは、つまり「価格を考える」ことにほかなりません。投資家がしている仕事は、物事に値段を付けることです。

　この企業は一〇〇億円で投資する価値があるとか、その企業の株価は一〇〇〇円であれば割安だから投資しようという判断を行なっているのが投資家です。そのために、投資家はその価格がいくらが妥当であるか、将来どういう価格まで値上がり、もしくは値下がりする可能性があるのかを考えています。

　投資家マインドを持つ消費者であるということは、価格を無条件に受け入れたり、現在の価値基準だけに留まらず、未来への投資的視点を持って、この消費がいくらの価値を持ちうるのかを考えることです。

　価格の答えは一つではありません。投資家によって価格の判断は異なります。正解はあるようでないのです。消費における価格も、一人ひとりの生活様式や価値観によって異なってしかるべきなのです。単に、昨日より安いから割安とか、この商品はこれぐらいの価格が妥当だからこれも妥当ではなく、自分自身にとって、また社会にとって、この消費の価値について考えてみて欲しいのです。

モノについている値札や価値が正しいなんてことはありません。価格はいつでも勝手に変わります。まず、その価格を当たり前だと思わないでください。どういう価格であるべきなのか考えて欲しいのです。そうすると、本来あるべき社会的コストの本質もおのずと見えてくると思います。そうやって、一人ひとりが価格の意味についてしっかり考えることで、本当の意味で消費者の合意形成がされていくのです。

メルカリとTeslaに見る、消費者の力

ごく少数の消費行動が大きく社会を動かしてきた事例はすでにいくつも存在しています。現在成長しているスタートアップの多くも、初期の消費者に助けられ、育てられています。例えば、メルカリ。今でこそ、年間何千億円もの売買が同社のプラットフォーム上で行なわれていますが、創業当初はゼロだったわけです。ごく少数のユーザーが使い始め、またユーザーから聞こえてくる改善点を軽視せず、サービス力を徐々に磨き、その過程で成長性を投資家に示しながら、ヒト・モノ・カネを連続的に循環させてきた一連のプロセスの日々の積み重ねによって今の姿があるのです。

もし、メルカリのサービスが最初から誰にも使われなかったら、本当に今のような大きなプラットフォームになったでしょうか。

メルカリの販売手数料は一〇％ですが、サービス提供直後では、実際に売れるかわからないサービスだし、今よりもサービスの利便性は劣っています。でも一〇％の販売手数料がとられていましたし、そのためにユーザー側も手間をかけていました。今は、ユーザーの手間を減らす工夫も出てきていますし、安全性や信頼性も高まっています。何よりもより簡便に、高い確率で売れるという価値を以前よりも提供してくれています。初期のユーザーを獲得することは本来は難しいのです。

スタートアップは初期の支援者たる消費者が存在しています。スタートアップの成長を支えているのは、経営陣と従業員と株主だけではありません。そこには消費者という支援者がいて、彼らが大きな影響を与えるのです。

今や、世界有数の時価総額を有する企業へと躍進したTesla も同様です。Tesla 以前に、もうすでに便利で安い自動車はいくらでも存在していました。走行距離の課題があり、充電のインフラも不十分であり、製品としての安全性が確立しているディーゼルエンジンの自動車に比べると単に不便で価格の高い自動車と言われても仕方ない。

そんなTeslaのEV（電気自動車）が二〇〇六年にデビューして、二〇二一年には時価総額が七十兆円を超えた巨大企業になっています。株価時価総額では世界最大の自動車メーカーです。

初期のユーザーがいて、この市場は売れる、という実績が表れてきたからこそ、資金調達が可能になり、地域に充電設備などのインフラ整備が進み、バッテリーなどの量産化、それによるコスト低減等が可能になり、そういう一連の循環により大きな価値を社会に提供できる企業へと変貌を遂げていったのです。

これらの例から、初期には不完全なサービスであっても、世界はこの方向に進むべきであるという消費者の共感が企業の存続と躍進を支えており、またその影響が投資家の想像を超えるほど大きいことが理解できるのではないでしょうか。

私も投資家としての立場からすると、投資家も重要な役割を果たしはしますが、そこに消費者が存在しなければ投資家のお金も宝の持ち腐れにしかならないのです。

消費者の共感により大型資金が調達できた例

初期のユーザーを共感で獲得する仕組みはクラウドファンディングも同じです。こういう世界観はすでに世界中で増大しています。

初期ユーザーから大きな資金が流れてくるまでの動きを、スタートアップの資金調達の現場で見てみましょう。

持続可能な社会に適合したある製品が開発されたとします。この製品の未来に、消費者が賛同し、熱狂し、その製品を購入したらどうなるでしょう。売上が立ち、その事実によって、実際に次の大きな資金調達の蓋然性《がいぜんせい》が一気に高まるのです

いかに初期ユーザーが世の中に影響を与えるのか、簡単な数字の事例でご紹介したいと思います。

昨今、「ＳａａＳ」に代表される急成長企業で売上高の一〇～五〇倍程度の企業価値評価（バリュエーション）を受ける企業が多く輩出されています。

日本ではいまだにＰＥＲ（株価収益率）という投資純利益を評価基準とする機関投資家が多く存在していますが、今圧倒的に企業価値を向上させている多くの企業に共通するのは株価売上高倍率（ＰＳＲ）による評価です。

なぜ足元の利益ではなく、売上高による評価が可能であるのか。それは三つのポイントから説明できます。

最初の共感や熱量の塊を生み出すためには、全員の賛同は全く必要ありません。極端なケースだと、たった一人の消費者が共感するだけでも、その後にビジネスやサービスが飛躍的に拡大する可能性もあるのです。

すでに広がりを見せているサービスはそのような特性を兼ね備えたものも多いのですが、解決の糸口が見えない社会課題の場合にはもう少し多数の共感が必要になるケースが多いと思います。

より安価で、日々の生活を支えるものであればあるほど、大量生産・大量消費の資本主義の強みが活かされやすく、それをサステナブルに変えていくことが簡単ではないからです。ただ、それでも一～五%の消費者の消費行動が変わってくれれば、大きなうねりに変えていくことができると思います。その場合も、決して過半数や大多数である必要はないのです。

エネルギー問題や食糧問題の裏には、それぞれ国内だけでも数兆円、数十兆円の巨大産業が存在しています。一～五%は小さく見えるかもしれませんが、二〇兆円の産業の五%の消費が動く力は一兆円にもなるのです。今、スタートアップで成功を収めている企業も売上高の規模だけを見れば、数十億から数百億円の規模が大半です。

つまり、一～五%の消費が動くことで一〇〇〇億円以上の市場が創出できるのであれば、大きくヒト、モノ、カネを動かすうねりを生み出せるということです。それはスタートアップのエコシステムを見れば明らかです。

最初の一人が一～五％となっていくには、企業側の努力ももちろん必要ですが、消費者一人ひとりがその課題に以下に向き合っていくのかということが何よりも大事です。新たな消費をするのではなく、必要な消費をどの企業が提供する、どのサービスや商品に振り向けていくのか、そういう思考を持てるかが重要なのです。

一つは、粗利率（総売上〈粗利〉÷売上高）が高いこと。ＳａａＳ企業などでは七〇～八〇％以上であることが一般的です。二つ目は、この事業が長期的な社会のニーズを満たすもの、社会課題を解決するものであることです。つまり数年の利益ではなく、かなり先の未来の売上高や利益水準を企業価値評価の議論の中枢に据えることが可能になるような事業です。

そして、三つ目が、効率的に顧客が獲得でき、高い成長率が持続できることです。これらの条件を満たす場合、例えば七五％の粗利率を期待できる企業にとって、一五倍の株価売上高倍率とは二〇倍の粗利倍率で評価されていることを指します。そして、例えば効率的な顧客獲得が可能で販売管理費が売上高の三〇％程度で持続的な事業運営が可能であれば、営業利益率が四〇％を目指すことが可能になります。

仮に法人税率が約四〇%だとすると当期純利益率は二五%程度ということになります。この場合、一五倍の株価売上高倍率はＰＥＲ六〇倍に相当する評価を受けていることと同義になります。もちろんこの利益はまだ実現していないわけですから、その利益を実現する不確実性は伴います。だからこそ、当期純利益額で評価されている企業よりも高い成長率を達成していることが必要なのです。

数字の話だけではなく、ＳａａＳ事業の特性についても触れておきたいと思います。ＳａａＳ事業はＢｔｏＢサービス（企業向けのサービス）を提供しているので、消費者である顧客は企業です。企業がそのサービスを消費するのは、そのサービスを利用したほうが企業収益にとってプラスだからです。具体的には、売上高の増加や、費用削減の効果が期待できるからです。

企業がサービス導入を検討する際に、もう一つ重要なことがあります。ＳａａＳはクラウドサービスであるがゆえに、日々そのサービス内容が進化していく特徴があります。企業は現時点の効果を期待するだけではなく、その企業が描くミッションや世界観に共感し、将来より便利になるであろう未来も想定しながら投資的に、そのサービスを消費している側面もあるのです。

私の投資先の一社であるSmartHRは二〇二一年の資金調達で売上高の三〇倍を超える

評価を得ています。直近も一〇〇％の成長率を実現しています。これがどのような意味を持つかというと、売上高の一億円は会社の価値に換算して、三〇億円以上の価値を生み出すということなのです。

他のB2C（Business to Customer）企業のケースで考えてみましょう。月間五〇〇〇円を支払うユーザーが一万人いたとします。年間売上高は六億円になります（五〇〇〇円×一二カ月×一万人＝六億円）。仮にこの企業に売上高の三〇倍の価値が付けば、企業評価額は一八〇億円ということになります。

最初のユーザーが仮に一〇〇人だったとしても、そこから各ユーザーが一〇人ずつの新たなユーザーの獲得に寄与（周辺の友達を巻き込む等）と二回転するだけで達する規模です。それで一八〇億円の評価額が付けば、それを活かして、例えば希薄化率（発行済株式数に対する新規発行株数の割合）を一五％とすると、実に二七億円の資金調達が可能になるのです。

このように、ほんの少しの初期ユーザーの消費が、瞬《またた》く間に数十億円の資金調達を可能にし、その資金でさらなるユーザーの獲得や商品の磨き込み（開発）を可能にするのです。社会から共感を生むサービスで一度このような拡大サイクルに入ると、一気に事業としてスケールする（拡大する）可能性があります。GAFAMはそのように誕生してきたのです。

コロナ禍で業績を伸ばした業界、株価の変動でわかること

コロナ禍で大きな影響を受けた業態を例に考えてみましょう。真っ先に挙げられるのは飲食店です。コロナ禍で大打撃を受けた業態の一つだと思いますが、お気に入りの飲食店を助ける意味で、テイクアウトをするなりして少しでもそこでお金を落とそうという動きも多く見られました。

普段はあまりその実感が湧かない方も多いかもしれませんが、私たち一人ひとりが使ったお金は間違いなく企業の資金となり、その売上高や収益性によって資本利益率が決まります。私たち消費者が落としたお金は、当該企業や業界の実体経済へ影響を与えただけでなく、同時にその資本利益率にも大きな影響を与えています。

この実態は、消費行動自体が企業から与えられたもので受動的であり、その価格も当たり前のものだと考えている「考えない消費者」には理解しづらいかもしれません。ただ実際は、私たちが外食産業などの飲食業界の必要性を消費者として示すことが、投資家にとってこの業界が長期的に収益を生むかの判断に大きく影響するのです。

コロナ禍において、大きく業績に影響を受けた業界は多数見られました。飲食、小売、旅行、医療、ソフトウェア企業、ＥＣ企業と様々です。スタートアップの資金調達環境も大きく影響を受けました。

確かに株式市場においても株価は大きく変動し、企業評価のベンチマークとなる企業の株価やバリュエーション（企業評価において類似企業との比較はよく用いられる）が変化したことの影響も受けますが、それ以上に業績が大きく変動した影響が直接的に出てきました。実際に業績を伸ばした企業は、より良い条件（企業の評価額など）で資金調達ができました。一方、業績が大幅に下方修正された企業は、資金調達そのものが困難になったり、調達する場合でも条件が大幅に悪化するといったケースが見られました。それほど、実際に消費された額、つまり売上や利益は直接的に企業価値評価に影響を与えます。

特にスタートアップにおいては、成長の変化はより大きく企業価値に影響を与えます。足元の実績ではなく将来の成長余地への期待が大きく、また財務余力や過去の実績が大手企業よりも圧倒的に不足している分、企業価値評価への影響が大きくなってしまうのです。

このことは、長期的な社会課題に挑戦する企業にとっても同じです。長期的な課題に挑む以上、その課題解決が現実的になるまでは、その商品やサービスは未完成なのです。

ＰＭＦをしている企業とそうでない企業ではその評価が全く変わってきます。それが仮に一社やごく少数のユーザーであっても、その利便性を高く評価し、満足度や熱量が高ければそれが大きな評価に繋がるのです。

マーケティングの世界でイノベーターやアーリーアダプターという言葉がありますが、社会課題の意識が強く、感度が高い消費者はその価値と社会的な意味を考え、まだ市場に広く認知されていないサービスや商品の価値を認め、そこにお金を投じるのです。

投資家はなぜＰＦＭを重視するのか。それはある一定の条件を満たす消費者がいることが確認できれば、そのユーザー数だけ潜在的な売上拡大余地があるとみなされ、今後の成長性への期待値が高まるからです。

重要なのは、消費が企業価値評価へ大きな影響を与えることから、「未完成な商品やサービスを購入する」という消費行動は、投資家が投資を行なうこと以上に、未来を変える可能性があるということです。

消費者の行動が、企業価値に大きな影響を与え、投資家の判断に大きな影響を与えるのです。

投資家マインドを育む三つの方法

投資家マインドを育《はぐく》む方法は三つあります。

一つ目は、消費を投資だと考え、考える消費を行なうことです。消費を単なる消費としてPL（損益計算書）的に捉えるのではなく、投資として考えるとは、それぞれの消費が自分や家族を含む社会というステークホルダーにどのような価値を提供しうるのかを、常に考えることです。

これにより自らの消費と社会との関係性に興味を持ち、知識が増え、行動と社会との関係性が徐々に構造化されていくと効果があると思います。

二つ目は、同じく労働も投資として考えていくことです。

どのような企業で何をするかを、賃金を稼ぐ単なる労働力の提供ではなく、自身の時間と労働力の提供を投資として捉え、それが社会や自分にどのような影響があるのかを、投資的視点で考えることです。

労働力は企業に買われることで値付けされ、価値を持ちます。経験を積み、適切な企業で適切な形で労働力を提供することで、その時間価値、労働力の価値を高めることも可能です。まさに投資的な側面を有しているのです。

三つ目は、余剰資金を投資（＝資産運用）することです。実際に運用をすることで、お金の流れや社会の流れを摑《つか》むことができます。

経営者や投資家になることは一部の限られた人にしかできないかもしれませんが、投資家マインドを持った消費者になることは誰にでもできます。だからこそ、一人ひとりの影響は小さくとも、各人が少しずつ消費行動を変えることの影響は甚大なのです。

投資家マインドで消費する

京セラ創業者である稲盛和夫さんが「値決めは経営」とおっしゃっています。経営の観点で最も収益性や市場拡大に重要なのは値決めであり、値決めを間違えば事業は成長しないし、値決めが正しければ事業は大きく成功する可能性があるという趣旨の言葉です。

値段は消費者が決めるのではなく、経営者が意思を持って決めていくものであるということが背後にある考え方だと思います。これはつまり、企業側が設定した価格が商品の価値とみなされ、消費者が消費行動を考えなくなることでもあります。

逆に言えば、経営の立場からすると消費者がその価格を当たり前だと思い、受け入れている状況を生み出せるかが鍵とも言えます。その結果、投資家・経営側の意図によって、消費者が資本主義の奴隷と化したかのように、考えない消費行動をとってしまう罠に陥ってしまうのです。

実際は、消費者が投資家マインドを持って、お金を消費することで投資家が企業へ投資する以上に、直接的に企業価値評価に影響を与え、それにより持続可能な社会の実現に向けて企業を大きく後押しすることが可能になるのです。その際の妥当な価格とは、企業が一方的に値決めした価格ではなく、長期的な投資的視点で広範な社会的コストを加味し、消費者が合理的と考える価格なのです。

一人ひとりの消費額が小さいため、その影響が軽視されがちなのですが、この消費者からの資金循環サイクルの影響は年々大きくなっています。何度か触れている、スタートアップを通じた資金循環はその一例です。つまり、ごく少数の消費者が購入したという実績で、大きな企業価値を生み出し、それにより大型の資金調達を可能にしているのです。これは消費の力に大きなレバレッジを利かせる仕組みになっています。

それは消費により事業が拡大し、さらなる雇用や資金調達を生み出し、事業の拡大とともに資金量も拡大するからです。

そこにはいくつかの背景があります。まず、インターネットやSNS、ソフトウェアなどのイノベーションにより、これまで以上に商品やサービスの拡販が容易になってきたこと。

情報の伝達速度は年々速くなっており、ごく少数の熱量の高い「考える消費者」の消費行動がまさに雪だるま式に大きな消費を生み出すようになっているからです。ローカルエコノミーやソーシャルエコノミーが注目を集めているのはこのような背景からです。

加えて、ベンチャーエコシステム（ベンチャー企業を生み出し成長させる仕組み）が世界中で洗練化され、金額面でも巨大化してきたことで、このような消費行動の熱量を見逃さないキャピタリスト（資金を集めファンドを運営し、その資金でスタートアップ企業へ投資する人）が存在し、そこに必要な資金をより大胆に投資できるようになってきていることもその背景となっています。

これはベンチャーエコシステムが長年かけて巨大企業を生み出した成功事例、また世界のカネ余りが大きな支えになっています。

実際に、リーマンショックによる金融危機以降の投資利回りが高い上位のファンドにはベンチャーキャピタルが多くランクインしています。こういう実際にリターンが生み出されているという実績によって、より多くの資金が近年流入しているのです。同様の流れは、以前もＰＥファンド（プライベートエクイティファンド）やヘッジファンド、アクティビストファンドでも起きました。実際に利回りが出る実績により、多額の資金がより利回りの高い方に流入していくのです。

考える消費、良い消費と悪い消費

投資家や経営者だけが投資家マインドを持ち、消費者が投資家マインドを持たない構造を放置し続けてしまえば、このマインドの非対称性が格差や不平等を生む原因となってしまいます。

今、都内で販売されているキャベツの平均価格を三〇〇円だとしましょう。ほとんどの人にとってキャベツの価値は三〇〇円で、九〇〇円では高すぎるのです。では三〇〇円である根拠を説明できる人はどのくらいいるでしょう。ほとんどいないのではないでしょうか。

実際には、販売側が需給関係を見ながらこれくらいの価格であれば売れるのではないかという微調整をしながら、一定期間において収益を確保するように値付けを行っています。その値付けの一番重要な要素が、生産者による生産コスト（実際には大きな流通コストが存在しますがここでは複雑になるので無視します）です。

その生産原価はどのように決まるのでしょうか。生産者の人件費や、生産にかかった農機具、農薬、肥料等の費用の合計でしょう。

どうして、もっと高価なキャベツを作らないのでしょう。どうしてもっと体に優しいキャベツを作らないのでしょうか。

そういうキャベツを消費者が買わないからです。もし、九〇〇円の完全無農薬の有機野菜で甘みたっぷりのキャベツしか市場に流通しないとどうなるでしょうか。キャベツの値段は今よりも高いものになるでしょう。すると多くの人にとってキャベツは高いものとなり、買われなくなるのです。

しかし、果たしてキャベツは買われなくなるでしょうか。なぜこの十五年ほどで、世界中でオーガニック野菜が普及したのでしょう。それは、消費者が高くてもより安心で安全な有機野菜を買い求めるようになったからです。消費者の行動が企業を動かした事例です。一度、オーガニック野菜に消費者のニーズがあることが示されれば、企業は大きく行動を変えます。

オーガニックの部署を立ち上げ、オーガニックに強い生産者との取引を増やします。そうすることで、オーガニックの市場が立ち上がり、消費者により多くの選択肢を提供できるようになり、そしてオーガニックの品質を向上させるための投資が増え、消費者はより品質の高いものが買えるようになるのです。

もし仮に消費者がもっと高くても体に良いものを求める消費行動を繰り返せば、世界中から農薬がなくなることだって実現できるのです。

こうなれば、九〇〇円のキャベツでは買う人がいないということも思い込みに過ぎないかもしれません。

よく経営や投資の現場で「失敗こそが最大の財産だ」という類《たぐい》の話を聞くことがあります。確かに失敗から学ぶことは多く、失敗から学べる経営者や投資家は強いと思います。ただ、失敗だけを繰り返していてもなかなかうまくいかないこともあります。

失敗に加えてもう一つ必要なことは成功を知ることです。成功体験ができれば一番良いですが、できる限り成功している企業や現場を知っていることはそれ自体が大きな価値になります。社会が成功体験を積むことで、新たな取り組みに大きな推進力を与えることになります。成功体験は賛同や共感を生みやすいからです。

消費においても良い消費と悪い消費には大きな違いがあります。悪い消費ばかりしていると、そこから得られる経験や成功体験は少ないかもしれませんが、良い消費にはプライスレスな価値があることがあります。

表面的な値段の価値だけにとらわれることなく、消費の価値を考えられる人は、良い消費の経験値が豊富だと思います。その人にとっては、良い消費は値段以上の価値があるのです。

悪い消費とは例えば、粗悪品の購入ですぐに故障してしまいかえって高くつくことや、健康を害し、医療費や休職が必要な羽目になってしまうことなどです。

逆に、良い消費をすれば、その消費から成功体験を得たり、大きな学びに繋がるでしょう。更に、社会課題を解決し、環境をより良いものとすることで、健康的でより時間を効率的に使えるようになるかもしれません。大事なのは、一人ひとりが何が本当に大切で、価値あるものなのかを考え、認識を深めていくことにあります。

地球環境や健康、時間といった労働の対価としての報酬と、消費というフローの枠組みから抜け出せない人には理解しがたい様々な価値を個人の消費者が認識し、考える消費行動をすることができれば、世の中にあるサービスやインフラ、サプライチェーン（供給連鎖）、あらゆるものが変化し、大きなお金の流れの変化を生み出すことになるのは間違いありません。

持続可能な社会を望むのであれば、資本主義が提示する価格ではなく、社会やその人にとっての価値を自分自身で判断する投資家マインドを持った消費が重要です。未来志向の社会性の高い価値観を身につけていくことが何よりも大事なのです。そして投資家も経験を積むことで成長するように、投資家マインドを持った消費を通じて、より消費者が考える消費をする。これが実現できれば、投資家主導の資本主義から、個人、消費者主導のサステナブル資本主義に移行していくことができるでしょう。

貴重な人生の大半を費やす労働

人の一生は地球の一生からするとほんの一瞬です。その貴重な人生の大半を占めている労働に対して、より柔軟性と自由度を提供し、多様な働き方を可能とする社会は多くの人にとって選択肢を増やす意味で、意義のある話だと思います。

企業にとって優秀な人材を雇用することは企業の競争戦略上極めて重要な意味を持ちます。だからこそ、企業はこれまでの画一的で柔軟性のなかった雇用形態を見直し、働き方を改革しようとしているのです。

働き方の改革は多くの場合、より優秀な人材の雇用を可能にするでしょう。柔軟な働き方や雇用形態により、これまで採用できず、企業の競争力に活かすことができなかった人材を活用できるようになるからです。

これは考えてみれば当たり前のことです。株式会社が発明され、資本主義は世界の重要なルールとしてこの世界の経済成長を支えてきました。

その過程で、投資家は株式の購入対価として出資し、そのお金で労働力を買うという一連の取引をし、出資や資金調達の形態は様々なニーズに対応する形で柔軟性と多様性を持つようになってきました。


一方で、労働については正規雇用、派遣、アルバイトといった雇用形態は存在していますが、それ以上の大きな変化は生じていませんでした。

そのため、雇用の安定性という観点が重視され、賃金の水準も含めて正規雇用＞派遣＞アルバイトというある種の序列の中で、多くの人はできる限り給料が高く、安定的に雇用してもらえる会社の正規雇用の社員を目指すようになっていったのです。

この労働者側のニーズに即した形で発展したのが終身雇用です。すべての人が同じ価値観で労働を提供する場所を選んできた、とまでは言いませんが、雇用の安定と賃金水準は働く企業の選択において、大きな意味を持っていたのは疑いようがありません。

そして、そのような機会を提供できる企業は、資本主義の中で労働力を購買する力がある企業でした。資本主義のルールが、個人の労働力提供の選択に大きな影響を与え、優秀な人材は資本主義の中での勝ち組企業が、より優先的に獲得するようになったのです。

このサイクルは以下のように表現することができるでしょう。

投資家は最も大きなリターン創出が期待される企業に出資をする、そして企業はそのお金で労働力を買い、蓄積してきた資産を活用しながら、大きなリターンを創出し、そのお金でさらに優秀な人材を雇用するというサイクルを資本主義のルールに従い、構築してきたのです。企業の信用力や財務余力が雇用を支配してきた資本主義の形態は終わりを告げつつあります。スタートアップが代表的ですが、将来性、社会性、共感性という新たな力がより大きな力を持つようになり、それが新たな雇用の力になってきたのです。

会社は、企業は誰のためにある？

働き方改革を、持続可能な社会の実現という観点から見た場合はどうでしょうか。私は、いくつかの課題が生じると考えています。

まず、人材の流動性が高まりすぎることで、長期的な社会課題解決の「長期性」を維持するのが難しくなる可能性があります。なぜなら、短期的に儲かる事業のほうが労働力に対する対価をより高く支払える可能性があるからです。

二点目は、人材の質です。持続可能なビジネスの実現には大きな困難が伴うことが多くなるでしょう。より大きな資金を扱い、より多くのステークホルダーを巻き込んでいく必要があるからです。それを可能にするためには、単に短期的な売上を最大化する場合よりも、より高度なスキルとコミットメントが求められます。

三点目は、企業経営における人材の重要性の違いです。よりスキルの高い労働力を雇用することが大きな超過収益を生む可能性がある場合は、人材の価値を高いとみなし、平均給与が高くなる傾向があります。

金融機関におけるトレーダーなどは典型的な例ではないでしょうか。一方で、公益性が高いことを行なっている組織や企業の給与は果たして高いでしょうか。むしろ、事業として稼げるのかが不透明な分だけ、高い給与を払うことが難しくなってしまわないでしょうか。

より確実かつ短期的に稼げるビジネスのほうが、人材に対する投資リターンが見通しやすく、高い給与を支払う蓋然性が高まります。

他方、難しい課題に挑む企業はいつ稼げるようになるかわかりません。そんな企業が高い給与を払うのは極めて難しいのが実情です。

また、投資家は長期的な成長性をできる限り評価しようとはしますが、短期的な収益力も重視せざるを得ないのが実態です。そうなると高い給与を支払うことは難しいでしょう。

求められるリスクテイクとコミュニケーション

そのギャップを埋めているのが、未上場スタートアップでは一般的な新株予約権（ストックオプション）と呼ばれるものです。

これは将来株式価値が上昇した際に、その株価上昇分の経済的価値を取得できるようになる権利です。一見これで問題解決、と言いたいところですが、実際はそんなに簡単ではありません。

新株予約権を魅力的だとして説明するには、ある程度短期のうちにその価値を顕在化させる必要があります。一般的にはそれはＩＰＯ（新規株式公開）に該当します。つまり、新株予約権の魅力を訴求して優秀な人材を雇用するためには、一年とは言わないまでも、数年から五年程度の短期間で成果を上げる必要があるのです。

これは投資家やビジネスの世界では決して短くない時間軸ですが、社会課題を解決しようとすると十分に長いとは言えません。優秀な人材は必要だが、高い給与が支払えないため、できる限り短期に結果を出す必要があるという構造上のジレンマが存在します。持続可能な社会を目指し、社会課題を解決するためには優秀な人材が必要であるにもかかわらず、既存の資本主義の枠組みでは、人材獲得においても一定の矛盾を抱えてしまっているのです。

では、どうすればよいのでしょうか。私は、企業側の意識変革が必須だと考えています。これまでは終身雇用を前提に、長期間雇用する代わりに、安く労働力を確保していたと言えると思います。終身雇用の時代の労働力に対する対価がある意味、当たり前になってしまい、現代社会における人材の流動化を前提とした適切な値付けがされていないと思います。

労働に高い報酬を支払うのは企業にとっては収益を圧迫するため歓迎されないように思うかもしれません。しかし、そう考えるのではなく、積極的に高い報酬を準備し、できる限り優秀な人材がその企業や業界に流れてくるようにするべきです。これは国単位でも同じです。日本は長期的なデフレが続いていますが、給与水準が上がっていないことは、国レベルでグローバル労働市場からの人材獲得力を低下させているという観点で大きな問題です。

そして、優秀な人材が新しい社会的価値を生み出すことを企業として全力で目指すべきなのです。もちろん、結果を残せない人もいるかもしれません。その人はまた働く場を他に求めれば良いのです。そのために人材の流動性があるのですから。

企業に求められるのは、高い報酬に見合う価値創造を行うことと、短期的には収益を圧迫するけれども、それだけの価値があることを投資家を含むステークホルダーに説明し、納得してもらうこと。

つまり、人材を価値ある資産とみなし人材への投資リスクを取ることと、それをしっかりコミュニケーションすることという、この二つに尽きるのです。日本企業はリスクテイクとコミュニケーションが苦手だと言われていますが、サステナブル資本主義に移行するには、企業がその点を意識的に磨いていくことも同時に重要になるのです。

投資家マインドで働く場所を選ぶ

イノベーションは未来の社会をより良い方向に導いてくれるでしょうか。イノベーションはあくまでも、道具であり、それをどう活用し、どのように実装していくかは人にかかっています。

つまり、持続的な社会を実現するのは、労働者であり、それを導いていくのは消費者です。そしてその実現に向けて企業経営者が努力をし、株主がそれを後押ししていくのです。

お金は余り、コモディティ化は急速に進展します。世の中にモノはあふれ、消費者は嗜《し》好性《こうせい》に合った良いものを選択できる状況になっている一方で、課題解決や新たな価値創造に向けて人材が不足しています。労働者が自身の労働の対価をしっかり要求し賃金を上げていき、より対価が高い企業で働くことを実現していけば、労働者への利益の還元は増大していきます。

日本でも労働組合は賃金交渉において大きな役割を担ってきましたが、その効果も正直限定的であったと言わざるを得ません。

労働者が交渉力を高めていくためには、脱終身雇用における人材の流動性やパラダイムシフトを理解し、行動に繋げていくことが不可欠です。加えて、一個人の交渉に留まらず、労働者全体として、人材の流動性という武器を最大限活用し、企業に対する交渉力を引き上げていく必要があるのです。

一人ひとりが労働者として豊かになればなるほど、人材の流動性をより効果的に活用することができるようになり、企業に対してさらなる交渉力を持てるようになっていくのです。

すでに、一部の職種では賃金が大きく上昇しています。エンジニアが代表的ですが、それに限りません。サラリーマンで年収数千万円という世界が存在しています。

さらには、今後の社会的価値を創造する企業、すなわちスタートアップで働くことで、長期的な株式インセンティブにより大金を手にする人も出てきています。

この十年でスタートアップの資金調達額が急拡大し、スタートアップ側の支払い余力が増えてきたことや、組織の規模が拡大したり、目指すべき売上や企業体としての規模が大きくなってきたことで、より高度な経験やより大きな組織を経験した人材のニーズが高まっていることとも関連しています。

社会が求める方向に沿った企業で働くということを重視し、今後世の中で求められる仕事を重視した結果、つまり実際に社会的価値を生み出すことに貢献しようと行動した結果であり、企業が実際に社会的価値を創造した結果だと思います。

なにもスタートアップだけを勧めているわけではありません。今後どういう課題に社会が向き合っていくのか、どういう価値創造ができる企業が求められるのか。まさに投資家のマインドで労働者が働く場所を選んでいくことで、労働力による対価が徐々に適正化されていくのです。

投資家マインドを持つとは、労働の対価を知ることが出発点だと思います。当たり前ですが、自分の給与や報酬が企業活動から生み出される価値とどのように関係しているのか、しっかりと考えることが重要です。

同世代の年収とか、去年の年収に比べてどうとか、業界平均と比較してどうかばかりを気にしていては、投資家マインドを持った労働者にはなることはできないと思います。

自分の労働がどのように企業価値に影響しているのかを考えることが重要なのです。

例えば、年間一億円の売上貢献をしていたとして、そのために会社の費用を三〇〇〇万円は使っていたとするなら、七〇〇〇万円の利益貢献があるわけです。

そのうちいくらをもらうのが妥当なのか。そういう発想で自分自身の市場価値を判断していきましょう。このように考えるようになると、より利益が生み出せる会社、社会的価値を生み出す企業に転職したいと思うことでしょう。

単なる横並びで自分自身の市場価値を評価している人は、その企業が低迷してしまった際に、給与がカットされリストラの対象になった際に初めて、そのことに気がつくのかもしれません。

一方、将来の社会的価値を創造するであろう企業で働こうと考えた人は、そういう企業に転職するでしょう。初期のGoogleに転職した人は、普通のサラリーマンが一生手にすることができないようなリターンを享受したりしているのです。

あらゆる業界で人材の重要性は間違いなく向上していきます。企業と従業員の労働の対価における市場原理は間違いなく働いていきます。そうすることが労働分配率を引き上げることになりますし、そういう企業を労働者が積極的に選択することで、労働分配率の全体的な向上を加速させていくのです。

インセンティブ構造を打破するには

企業の役割や、その経営を担う経営者の役割は突き詰めると、ステークホルダーマネジメントに行き着くと私は考えています。

最も重要なスキルは対話力、コミュニケーション力だと思います。対従業員、対顧客、対株主、すべてにミッションと存在意義を説明し、長期的なコミットメントに対する納得感を醸成する高度なコミュニケーション力が不可欠です。

もちろん、革新的なビジネスモデルや技術革新を起こすことも企業の役割ではありますが、それは一側面に過ぎません。そこで生み出された価値を最大化し、社会を良い方向に変革し、社会課題を解決するために、非常に難しいステークホルダー間のバランス、もっと言えば明確な利益相反という問題を解いていくことが求められるのです。

短期的に企業価値を向上させようとすると、経営側に労働力はできる限り買い叩こうというインセンティブが働いてしまいます。同時に、より短期的に価値創造の結果が見えるような事業にチャレンジするようになるでしょう。

そうすることで、短期的な目標設定に共感した優秀な人材を一定数は獲得できるかもしれません。一方で、難しい社会課題に長期的に挑戦しつつ、その挑戦に長期的にコミットしてくれる優秀な人材の獲得が難しい状況は解消されないのです。


では、より従業員に寄り添った経営をするとどうなるでしょうか。

労働分配率はできる限り引き上げ、給与を高くすることになるでしょう。また長期的にコミットすればするほど、インセンティブが働くとするとなら、昇給率も高い水準を維持していく必要があるでしょう。

その場合、ステークホルダーマネジメントが極めて難しくなります。まだ結果が出ていないにもかかわらず、人件費が高くなるため赤字が拡大します。事業運営に必要な事業資金が増すでしょう。

そのために大型の資金調達をする必要がありますが、結果が出ておらず多額の赤字を計上することがしばらく見込まれるとすると、高い企業価値を前提とした資金調達は難しいでしょう。それは同時に、大きな希薄化（株式数が増大することで一株当たりの価値がその分減ってしまうこと）が伴うことを意味します。

仮にしばらく事業継続ができたとしても、しっかりと昇給等を行なっていくのであれば、なんらかの形で短期的な結果を出さざるを得なくなってきます。資金が底をつけば、また新たな資金調達が必要になってくるのです。

通常、このサイクルを回すのは極めて難しいのが実態です。資金調達の際には投資家に対してエクイティ・ストーリー（なぜ今投資すると将来リターンが創出されるのかという合理的な説明）を提示することが求められます。その中で賃金が高いことの合理性を説明することが求められるからです。よく言われるＩＲ（インベスターリレーションズ。投資家との対話）とは、まさにここで触れたコミュニケーションそのものです。

スタートアップを通じて社会課題を解決し、持続可能な社会を目指すのは並大抵のことではありません。だからといって企業自体が短期思考に陥り、労働を搾取し、短期的なリターン創出に走りすぎてはいけません。持続可能な社会を実現するためには、消費者、つまり個人が十分に豊かになり、その上で企業が持続的に優秀な人材を雇用し続けることが必要です。

短期志向は資本主義の罠とも言うべきものです。短期的な利益創出への「重圧」を乗り越える覚悟を持った企業が増えてこない限り、カネ余りは続き、有望な企業はなかなか出てこないという悪循環は続いてしまうのです。覚悟を持つことは、長期的にリスクを負い続けることにほかなりません。赤字の期間が長期化したり、大きなキャッシュバーン（毎月失っていく現金の額）を伴うことでしょう。当然、倒産のリスクは高まりますし、資金調達の難易度も高まります。

この「重圧」に対抗するためには、明確な方向性を指し示すミッションと、それにコミットし続けるために、多くのステークホルダーを巻き込み続けるためのコミュニケーションが鍵となるのです。

私も支援している企業が短期的な「重圧」に引っ張られることなく、大きな価値創造に向かっていけるよう、ミッションを研《と》ぎすまし、曖昧《あいまい》な未来ではなく、できる限り定量化され、納得感を醸成できるような解像度の高い戦略と実行プランを作り上げるために伴走しようとしています。

この「重圧」は強大だからこそ、妥協は許されません。この「重圧」の大きさを感じているからこそ、これでもかというぐらい詳細に、曖昧さや馴《な》れ合いを排除し、外部のステークホルダーに客観的に説明し、納得してもらえる状況を目指そうと、日々時間を使って議論を重ねているのです。

給与が上がらない構造を可視化する

近年、アメリカを中心に、人材投資や各企業の人材が持つ価値、競争力をどのように定量化し、企業の価値として株主などのステークホルダーに発信していくかという議論が盛んに行なわれています。それだけ重要性が再認識されている人材ですが、私は人材を給与水準と、イノベーションやテクノロジーによる代替性という二軸で四象限に分けて考えることができると思っています。

・第一象限：給与が高く、テクノロジーでの代替は困難
・第二象限：給与が高く、テクノロジーで代替可能
・第三象限：給与が低く、テクノロジーでの代替は困難
・第四象限：給与が低く、テクノロジーで代替可能

職業と給与水準と代替性で考える

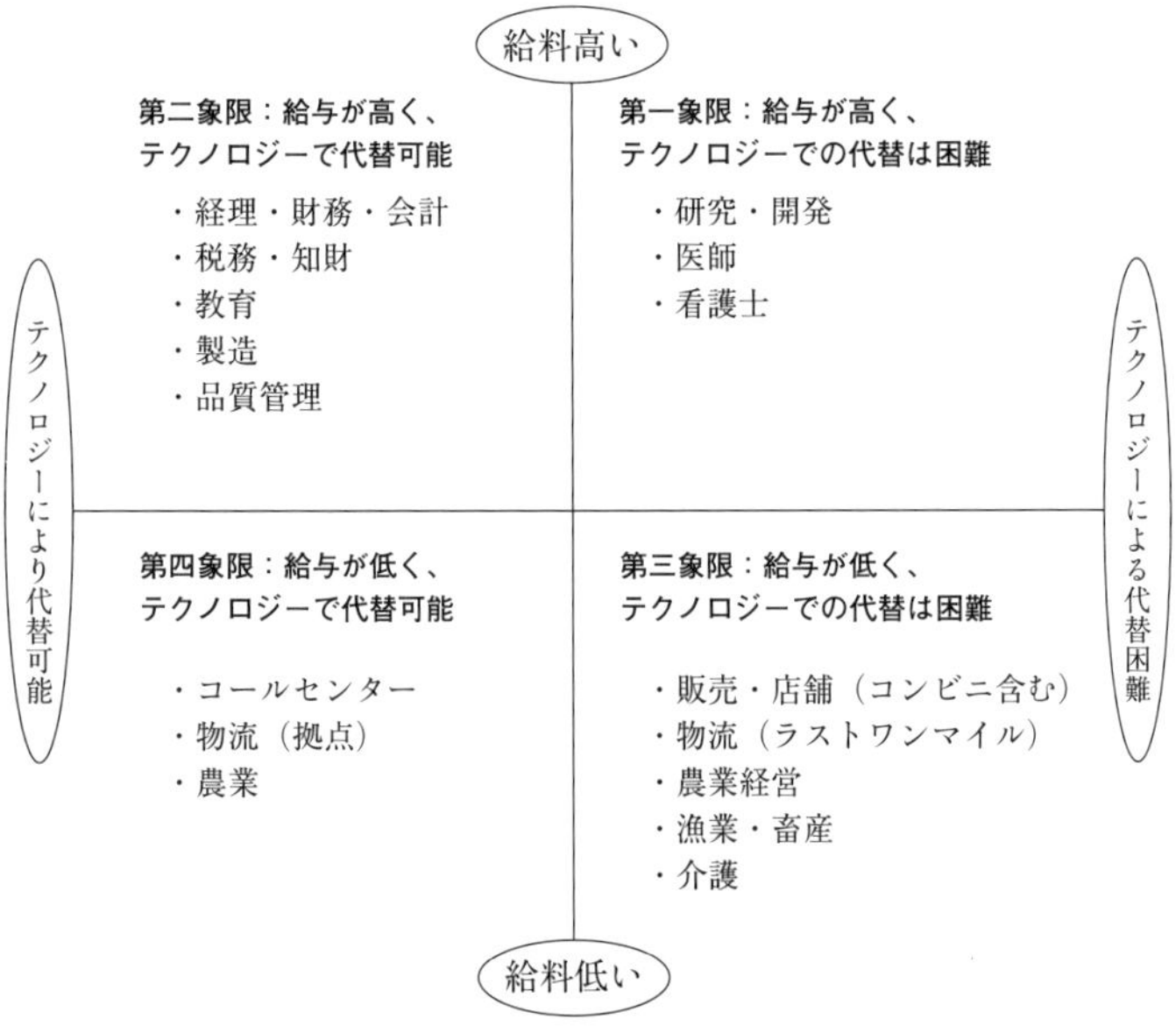

第一象限はすでに高い価値を認められており、今後も高い価値を創出し続けることが期待される人材です。このような人材をいかに獲得し、教育し、雇用し続けられるかが重要です。

第二象限は、現在価値を有しているため、企業や政府にとっては影響力を有しているが、実際はテクノロジーによる代替が可能であり、最も積極的にテクノロジーによる効率化や高度化に取り組んでいくべき人材です。

この象限の人材はイノベーションのジレンマのごとく、自身の立場を脅《おびや》かす変更を積極的に推進するインセンティブが低く、社会的には変化の抵抗勢力となり得ます。一方では、能力が高い人材であるため、本来は積極的に第一象限に移行していくべき人材です。

第三象限が現在の資本主義において最も搾取されている存在です。つまり、労働力の価値が、ある基準で恣意的《しいてき》に決められているからです。

実際は、テクノロジーによる代替が難しいため、誰かがやらなければいけない仕事です。言い換えれば、社会的価値が高い労働なのです。第二象限の仕事のほうがテクノロジーとの対比においては価値がない可能性があるにもかかわらず、今の資本主義においてはそうはなっていません。

これは商品の値付けとの対比で考えれば、製造原価の安いものは値段が安い、と同じように単純な労働は価値が低いという既成概念に縛られているのです。

将来自動運転が浸透することで、第三象限になる可能性もありますが、社会問題となっているトラックの運転手といった仕事はこれに該当すると考えられます。

ドライバーを不当に安い労働力として雇用してしまうと、物流という社会インフラのコストは一見下がりますが、労働力を買い叩くことで実現しているに過ぎない可能性があり、実際は物流インフラの維持コストはもっと高い可能性があるのです。

最後の第三象限は単純作業であったものを、ロボットやソフトウェアが代替している領域です。これらの単純作業から労働力が解放されることで、より必須の第一象限や第四象限の労働力として活用ができれば、より高い付加価値が生み出せる可能性があります。

第三象限の労働力となる際に、より高い給与を享受できるとするならば、全体的な労働による不平等が解消され、社会インフラの維持コストを前提とした、より公平な持続可能な社会が目指せるようになる可能性があるのです。

これは消費者にとっては潜在的なサービスや商品の値上げ圧力となります。だからこそ、本当に必要なインフラや商品を維持するためには、適切な対価を支払い、お金を循環させていく思想が消費者に求められるのです。

身近な例で言えば、美味《おい》しい魚やお寿司を今後も食べ続けたければ、漁師さんや養殖業が儲かるようにすればよいのです。そこに資金が回ることで、より効率的な業界にアップデートされ、その恩恵を最終的には消費者である私たちが享受することができるのです。

それをケチってしまうと、漁師さんの数は減り、乱獲は止まらず、品質は劣化しているのに価格は高騰し、業界として人もお金も循環しないという状況、つまり持続可能ではない社会になってしまいます。

スタートアップに必要な四つの価値創造

スタートアップと呼ばれる急成長企業では、多くの企業がなんらかの価値創造を行なっており、その価値が評価され、その評価をもとに資金調達を行なっています。

各社の価値創造は千差万別ですが、大きなくくりで言えば、以下の四つの形態に分けられると考えています。

一つ目は「効率化」です。今、日本では空前の「DX（デジタルによる変革）」ブームが起きています。決して世界をリードしているわけではなく、先進国の中でデジタル化が一番遅れているからこそ、DXの余地が多く残されているに過ぎません。

多くのDXは、広義の効率化に属するものが多いです。AIも人間の知能を置き換える場合、人からソフトウェアへの置き換えという意味で広義の効率化です。ソフトウェア等の力を活用して効率を高め、社会全体の生産性を高めていくことで、持続可能な社会に近づけていきます。

二つ目は「エンターテインメント」です。音楽や映像、ゲーム、VR（ヴァーチャルリアリティ）など、エンターテインメントが人間の可処分時間を投資する対象として価値を提供しているサービスは、人間の時間をお金に変換しているので、心の豊かさや教養という、非物質的な価値を提供しています。

これらは社会が豊かになり、人口が増えることで市場が拡大していく傾向があります。これは多くの場合は、環境破壊を伴うものでなければ持続可能な社会の大きな弊害になることはないと思われます。

そのどちらにも属さないものが、三つ目となる「新しい市場創造」です。これまでなかった価値を創造する分野です。これは非常に難易度が高い分だけ、成功事例は多くありませんが、成功した場合には破壊的な価値を創造します。自動車や携帯電話、その後の電気自動車、スマートフォンなどはこれに該当します。再利用型ロケットを通じて、宇宙の民主化、民営化を進めたSpaceXなどは近年の成功事例の一つでしょう。Amazonが提供するＡＷＳ（アマゾン・ウェブ・サービス）も単なるＤＸを超えて、共通インフラとして価値提供を可能とした意味では新しい市場と言えるのではないでしょうか。

このような破壊的イノベーションは少ないものの市場創造を伴うため、社会へのインパクトは大きい傾向があります。

この分野は産業革命以来、人類の文明の発展を最も牽引《けんいん》し、資本主義の中で最も価値を創出してきた分野だと思います。これらは社会を豊かにした一方で、価値創造の副産物として、環境問題など異なる問題を生み出してきました。

四つ目は「社会的価値創造」です。ここまでの三つは顧客が価値を感じることでその対価を支払い、それが売上に計上されるという特徴があります。社会的価値創造とは、三つ目の市場創造が社会的コストを増大してきたのとは逆に、社会的コストそのものを低減するようなサービスです。

これらのサービスは資本主義が増大した今、より大きく台頭することが求められています。まだ多くの事例が生まれているわけではありませんが、例えば大豆《だいず》などで作った代替肉の分野の、アメリカのBeyond Meatなどが有名で、一時は一兆円程度の株価時価総額がついていています。

こういったサービスや商品がどんどん出てくる状況を目指すのであれば、消費者が社会的コストを正しく理解し、その企業のミッションに共感を覚え、考える消費、賢い消費を行なうことが不可欠なのです。

商品の価格はどのように決まるか

資本主義におけるビジネスの世界では、どのような価格設定をするかということ自体が、経営上非常に重要であることを表しています。

例えば、ある飲み物を一〇〇円で売るのか、二〇〇円で売るのかによって利益率も、かけられる原価も、販売の難しさも、ブランドイメージも異なります。価格を決めることはビジネスのあらゆる側面に影響を与え、価値創出にも大きな影響を与えます。

先ほどの価値創造四つの分野に一度話を戻します。四つの分野には、価値をどのように図るかという観点で違いがあります。

「効率化」は元々のプロセスをどれだけ効率化したかが価値の源泉であり、企業はその一部を対価として受け取るため、価値の基準が存在しています。

「エンターテインメント」は、人が自分の時間を使ってあるものに変えるため、少数の富裕層向けのエンターテインメントはそれに応じて高くなりますが、世界に広く普及するものの価値は、消費者の所得水準に応じて実質的に決まります。

「新しい市場創造」は、その値付けが非常に難しいケースがあります。

例えば、自動車が初めて世界に登場した際には、その価値はどのように決まったでしょうか。適切な価格を決めるのが難しい場合、多くの企業はその製造原価に注目します。販売に必要なコストがあれば、製造原価や販売原価を含めたコストを参考にします。

それらのコストを除いた正味の利益を、会計用語では「貢献利益」と呼びますが、売上に対する貢献利益率や、商品の競合環境、競争優位性などを鑑《かんが》みながら、売上の最大化と利益の最大化のバランスを考えていくことになります。

資本主義においては企業価値最大化という考え方で価格を決定します。つまり、ある商品を販売する際に、将来にわたって生み出し得る価値を最大化するためには、どのような値付けをし、売上や利益、企業価値を最大化できるかという観点で戦略的に決定していくのです。そうして決まったものが商品の価格なのです。

「社会的価値創造」の場合はどうでしょうか。この場合、消費者は価格の意味を、より社会的な側面でも考える必要が出てきます。

先ほど例に出した代替肉の場合、大豆を原料にした肉のような食べ物というだけでは、どのように値付けをすべきか悩ましいですが、かといって大豆の製造原価を基準に値段を決めることが果たして妥当なのでしょうか。

肉の代替とすることで、肉牛の飼育や生産にかかるコスト、CO_2排出に対する環境コストなどを配慮して、代替肉を選択する消費者もいるでしょう。また健康に配慮して選択する消費者もいるでしょう。

経営にとって値決めが重要であるのと同じく、消費者がもっと価格の意味を考え、消費行動に反映させていく余地があっても良いのですが、現在の資本主義においては価格の主導権は企業側にあり、会社経営を行なっているなどの一部の人を除き、価格は決めるものではなく、与えられるものであるという感覚が強くなります。

それに慣れすぎてしまうと、消費者は思考することをやめ、資本主義の奴隷になり下がってしまうのです。

創業者が果たす役割

新しい会社やビジネスを始める際には創業者（起業家）が必ず存在します。サステナブル資本主義において、創業者はどのような役割を果たすことが期待されるでしょうか。

既存の資本主義においては、創業者が果たすべきことはミッションを掲げ、それによりヒト、モノ、カネを集め、会社、組織、事業を前に推進していくことです。始めは優れた仕組みがないことも多く、創業者自身のエネルギーが大きな推進力となることも多いでしょう。

サステナブル資本主義においては、創業者は労働の適正な対価がいくらなのか、また会社の企業価値がいくらなのかについて、より明確な考えをステークホルダーに示していく必要が高まります。なぜなら、社会課題を解決するためには、長期的なコミットが必要となるケースも多く、事業が黒字化する前から労働に対する対価を適正に支払うことは極めて難しいからです。創業初期から優秀な人材を集めれば集めるほど、固定費は増大し、赤字が拡大してしまうでしょう。

この赤字を補い、長期的なミッションに向けての体制を構築していくためには、大きな資金が必要となります。だからこそ、資本政策という、いつ、どの投資家から、いくら、どのような条件で資金を集めるのかということがより重要になるのです。

いかに投資家が長期的な会社のミッションに共感したとしても、その企業価値を大きく引き上げ、創業当初に必要な資金を手に入れることは難しい可能性があります。

その観点では、社会課題解決型の事業であればあるほど、資本政策やファイナンスの重要性は高まりますし、大きな資金を長期的に扱っていくために、求められるガバナンスの水準も創業当初から高まっていくことが期待されるでしょう。

今、日本のスタートアップの上場時の創業者の持分比率は、米国に比較すると高い傾向があると言われています。もちろん、日本のスタートアップの上場タイミングが早いことや、日本における未上場スタートアップへのリスクマネーの供給量が過去十年間はまだ不足していたなど、複数の要因が関連しています。ただ、間違いなく言えることは、今後、持続可能な社会を目指す企業は、これまで以上に上場までに大きな希薄化を許容していく必要があるということです。希薄化率が高くなればなるほど、創業者の持分比率は低下していきます。

つまり、人や社会から共感を得ていくためには、会社が上場しているかに関係なく、社会の公器としての資本政策やガバナンス政策がより求められるようになるということです。そうした体制を整えることで、共感を感じる優秀な従業員が労働力と提供し、また投資家も長期的なリスクマネーを当該企業に投下していくことでしょう。

サステナブル資本主義において、長期的な社会課題を解決していくには、現在資本主義において言われる希薄化率を大きく超えるような資本政策をとっていく必要があります。社会課題を解決する会社は、将来間違いなく高い企業価値で評価されるはずです。だからこそ、経営はステークホルダーへの価値分配にこれまで以上に関心を寄せるべきなのです。そして、創業者自身も小さな会社の大きな株式持分ではなく、大きな会社の小さな株式持分を享受するようなバランスに少しずつシフトしていく必要があるのだと思います。

適切な分配とは何か、資本主義が抱える命題

仮に株価時価総額一〇〇〇億円の上場企業となれれば、その五〇%を保有する創業株主

は五〇〇〇億円の資産を築くことになります。果たして、そのリターンは正当であるのか。そこに貢献したはずである、労働力という従業員や、調達先という取引企業は、いったいどれほどのリターンを得ているのでしょうか。

この分配が適切に行われるか否かが大変重要なのですが、この分配方法を決めるのは、経営陣と株主です。株主はリターンの最大化を目指し、できる限り安く労働力を買い、できる限り安く原材料を調達することを求めるかもしれません。そして、創業社長であれば株主とインセンティブは一致していますし、仮にそうでなくとも株主に指名された経営陣は、株主の期待する経営判断をすることが求められるのです。

株主や創業者の立場からすると、初期の事業リスクを取っているのですから、正当な対価であると主張するでしょう。確かにそれも正しいのですが、資本主義の限界として、企業価値がある種の短期的な業績等により大きく影響を受けてしまうため、結果として企業価値を短期的に高め、持続可能な会社であり続けることを目指す場合で、ステークホルダー間の分配の考え方が異なり、結果正しい分配が行なわれない可能性があるということです。

このことに問題を感じ、議論されているのが第一章で紹介したステークホルダー主義です。株主だけではなく、社会や取引先や従業員など幅広い関係者をステークホルダーとして定義し、その分配についてもしっかり考えていくことが経営陣の役割であるという風に再定義を試みています。

既存の資本主義のルールにおいては、元々の発端《ほったん》が労働力を買うための仕組みであったがために、分配が株主に偏るというリスクが内在していました。また、確実にリターンを上げることが経営者や株主にとって合理的な判断となりやすいことからも、資本主義には短期思考の罠が潜んでいます。

サステナブル資本主義においては、投資家や経営者は、独占的に社会変革を促すというのではなく、消費者が共感する社会の実現を担う立場と言えるのです。そうなれば、労働者への分配と同様に、消費者への還元、投資家や経営者との分配も新たな価値基準が必要になります。

一個人の立場では短期的な影響を感じづらいのは仕方ないのですが、リスクを取っているのは株主や経営者だけではありません。消費者もその消費を通じて、社会の変化を通じて大きな影響を受けるわけですから、同様の長期的な社会的リスク、経済的リスクを負っているのです。

第四章

資本主義が抱える七つの課題

人口の減少、高齢化社会でどうなる？

この章では、生産年齢人口の減少・高齢化社会といった人口問題や、国際紛争問題といった一見資本主義とは無関係に見えるテーマから、エネルギー問題や環境問題、食糧問題、貧困問題というテーマまで、現在私たちが直面している七つの課題について、既存の資本主義とサステナブル資本主義の観点から考察してみます。

生産年齢人口の減少と高齢化社会に関しては、特に日本においては大きな問題として取り扱われています。これは持続可能な社会の実現に向けて、課題となるのでしょうか。まずはそこから考えてみたいと思います。

まず高齢化社会についてですが、寿命が延びたために高齢者が増えていくということと、出生率の減少による少子化の進行という二軸によって、高齢化社会が到来しています。

そもそも、寿命が延びたことは果たして課題なのでしょうか。むしろ人類は、長生きしたいという欲望を太古の昔から持っていたはずです。したがって、寿命が延びることは歓迎されることはあっても課題であるはずはありません。

寿命を健康寿命の推移とともに見てみましょう。日本では、平均寿命が延びていると同時に、健康寿命も延びています。つまり、健康的に生きられる年齢が高齢になっているのです。

医療費を除く消費の観点では、健康寿命が延びることは経済成長にとってはプラスです。生産年齢人口（十五歳から六四歳の人口）についても減少してはいきますが、健康寿命が八十歳だとすると、健康な人口に対する生産年齢人口の割合は五〇対八〇、約六〇％程度に均衡していきます。これは予測可能な未来ですが、これが課題となるのでしょうか。

資本主義にとって、実体経済の成長を支える人口減少の問題は極めて影響が大きいと言えます。なぜなら、ＧＤＰの大きさや成長は人口に大きく依存するからです。効率化によって一人当たりのＧＤＰを引き上げたところで、人口の減少を補うのは簡単なことではありません。

人口の減少は消費の総量を引き下げることになりますし、すでに社会に浸透しているサービスにとっては成長余地がなくなるどころか、売上が減少傾向に陥るリスクが高まります。このように説明すると極めてマイナスに聞こえるかもしれません。

ですが、私はそうは思いません。既存の資本主義は経済の拡大を大きな指標にしてきましたが、それは人口が急拡大し、資本主義が経済規模の拡大とともに成長してきたからに過ぎません。

本当に拡大すべきは、社会の豊かさの総量のはずです。人口が減ることで、環境負荷は減りますし、土地や自然や食料など地球の恵みを共有する人間の数が減れば、その分豊かになります。これは資本主義における経済活動の中でその価値が正しく理解されていない地球の価値を皆で享受し、その豊かさを実感することを意味します。むしろ、人口が増加することに頼った資本主義の仕組みを見直し、人口の増加によらない社会的価値創造の形を探していくことが重要です。


サステナブル資本主義では、消費が経済規模を拡大させ、労働分配率を引き上げ、また消費を拡大するというサイクルを生み出します。労働分配率の引き上げに関しては、一人当たりの給与水準を引き上げるだけではなく、労働人口の健康寿命まで引き上げながら、人口全体に対する労働分配率を最大化していくことを目指します。

これを実現するためには、投資家マインドを持った労働力の提供が不可欠です。加えて、労働力の多様な提供方法を許容する社会に変革していく必要があるでしょう。

正規雇用に留まらない多様な働き方の改革はそれに沿ったものであると思いますが、本質的に重要なのは生み出した価値に応じて労働の対価を支払うという方向性に社会的価値観を移行していくことです。

これは投資家マインドを持った労働者の存在と鶏と卵の関係であり、企業と労働者がそれぞれ少しずつ意識を変革していくことで、次第に大きなうねりになっていくと期待しています。

仮に人口が減少し、ＧＤＰが減少してしまったとしても、一人当たりの豊かさを引き上げることで、一人当たりのＧＤＰ（GDP per capita）を大きく引き上げていくことを目指します。

なお、労働とは単に肉体を使った汗を流す仕事だけを意味しません。持続可能な社会に向けて、各世代が持つ知見を活用し合いながら、未来世代に残すより良い社会の構築も含みます。

ＡＩなどのソフトウェアがより進化し、ロボティクス（ロボット工学）は自動化技術で単純な肉体労働を置き換えていく社会においては、労働の価値が肉体や時間に紐づくものばかりではなく、時間に連動しない形での労働の割合が今以上に増えていくでしょう。

そうなれば生産年齢人口は必ずしも十五歳から六十四歳にこだわる必要はなく、十代の若者や、高齢者まで幅広く労働を提供することが可能になります。それらに妥当な対価を支払い、その対価をすべての世代が「考える消費」や投資に回すことで、より大きなお金の循環を生み出すことが可能になります。

できる限り、若者世代への労働分配率を引き上げていくことも重要になってきます。将来への不安から、貯蓄だけを優先させるのではなく、しっかりと消費し、また投資に回す余力を若者世代に与えることは、より長期的な未来を見据えた消費や投資が増加することになりますので、未来創造にはプラスに働くでしょう。例えば、若い頃からスタートアップのような未来の社会を担う企業で働くことで、長期的なインセンティブを享受できることも望ましい循環を生みます。

常に新しい産業や会社が適切な新陳代謝を行い、若い労働力に活躍の場を与えることで、世代間のギャップを埋め、より社会に適切かつ持続的な循環を生み出すことが可能になります。

資本主義の民主化と持続可能な社会の実現のためにも、思いきった世代間の労働分配率の設計が必要になってくると思います。

サラリーマンだけが労働の対価を受け取るのではなく、家族を支える家事や育児、介護をしている方にも同等の対価が支払われるべきです。持続可能な社会に必要な労働には高い対価が支払われるべきなのです。

一人だけが働き家族を支える形ではなく、時間的制約とは関係ない多様な働き方を許容し、老若男女問わず高い労働の対価を得る機会を創出する。それによって、より平等で安定感のある社会が実現できると思います。

既存の資本主義のもとでは、子供を含めた若者も、男性も女性も高齢者もみんな働くことが望ましいと言われても、労働の対価に大きな隔たりがあるため、必ずしも誰にとっても家族全員が働くことが望ましい結果に繋がらないのです。結果的に、皆が働いてもそれほど豊かさが手に入らず、まただからこそ働かないという選択肢が合理的になる側面がありました。

家族が十分な豊かさを手に入れられない場合、子を持つことは生産性の観点から効率が悪いと考えられて、出生率が下がっていくのです。高齢者に関しても同様で、高齢者は働けないために手厚い介護や医療保障や生活保障が現役世代の負担を生み出してしまいます。介護従事者の賃金が引き上げられないのは本末転倒です。むしろ賃金を引き上げることで従事者の数を増やし、全体としてより効率的な社会支援体制の構築を目指すべきだと思います。

労働の対価が能力や仕事の難しさや希少性、ビジネスの収益性等に一定連動してしまっている結果、業界や職種ごとに大きな旧水準の隔たりが生まれてしまうわけです。この業界ごとの賃金水準の隔たりは資本主義においては、効率的であり合理的であるものの、持続可能な社会を実現するためには発想を変えていく必要があります。

皆が「考える消費行動」をするに足る十分な豊かさを手に入れるためにも、業種間の賃金格差や定年制と年功序列を前提とした賃金体系を改め、より純粋に一人の人間が受け取るにふさわしい対価を受け取れるようになることが望ましいのです。

十分な豊かさを手に入れるためにも、投資家マインドを持った労働力の提供が不可欠であり、生み出した価値に連動した報酬設計を実現していくことが重要になります。生み出した社会的価値と受け取る報酬のインセンティブが揃っているのが望ましい状態です。企業経営において、インセンティブ設計は極めて重要なテーマですが、一企業単位だけではなく社会的視点で見て、インセンティブ設計により人的資本が最適に分配される状態を目指していくことが重要なのです。

業界ごとの賃金格差が、社会にとって必要なサービスほど高くなるように、企業間が人材獲得の健全な競争を行ない、そのために必要な資金を、共感した消費者と投資家が提供することで、労働者への適切な分配を可能にしていきます。

国際紛争の背景に資本主義

人類が国をつくってから現代に至るまで決してなくなることはなかった国際紛争は、なぜ生じるのでしょうか。私は資本主義による二つの背景が影響していると考えています。一つは、地球という本来は誰のものでもない公共的な資産に、人為的に国境を設け、それぞれの国に帰属させたことです（ファイナンス的に言えばバランスシートに計上）。もう一つは、これまで散々述べてきた資本主義のルールによるものです。

よりお金を持った投資家、国、企業は、できる限り安い労働力を求めて、グローバル化していきます。その国では、労働を通じて実体経済は成長します。しかし、それ以上に資本収益率が高いので、労働力を売る国と労働力を買う投資家との富の格差は拡大していきます。

資産の買い叩きも国際間の紛争を引き起こす大きな要因となります。石油、ガス、レアメタルなどの天然資源は、地球という観点から見ると、本来公共的な資産であるはずです。しかし、国境という人為的なルールによってそれぞれの国に割り当てられ、㈱地球ではバランスシートに計上されず、無視されています。にもかかわらず、経済活動に取り込まれた瞬間に、時価会計のルールが発動し、一定の価値を持つようになるのです。

問題は、この価値の妥当性です。資本主義においては資本収益率の高さを享受するのが正解なので、できる限り早くその資産を現金に換えるインセンティブが強く働きます。本来は安売りすべきでないかもしれないと思いつつ、その資産を早期に現金に換えて、資本収益率を享受する側に回りたくなるのです。

テクノロジー産業などでは後塵を拝しているが資源が豊かな国が、積極的にその資源を売り、お金を手に入れているのはそのためです。石油埋蔵量の多い中東などは典型的な事例でしょう。

しかし、資本収益率が経済成長率を上回るという「r＞g」のルールは強力です。そのルールで闘っている以上、国際間の不平等は拡大するばかりです。労働力の対価や、資産の買い取りの対価を、それぞれ不平等だとある国が感じると、それが戦争や紛争の原因となるのです。

このことに中東の国々も気がついています。だからこそ、既存の資源などの資産や、その資産で稼ぐ企業の株式を、ＩＰＯ（新規株式公開）などを通じて現金化し、それをファンドなどに投資し、自ら有望な企業へ投資するトレンドが加速しているのです。

国際紛争はもちろん、文化的・宗教的な理由とは無縁であるはずはありません。ただ、これだけ文化的、経済的に進歩した現代社会でもまだ争いが起きてしまう背景に、既存の資本主義のルールの結果生じる不平等が影響していることは疑いようがないように思われます。

労働の対価、地球資源の対価という、最も希少な資産に対する価値評価を持続可能な社会の実現に向けて、地球に暮らす全員にとって妥当な形で行なうことができれば、紛争をなくすことができると思います。サステナブル資本主義の大前提は、人中心で人が豊かになることを目指しており、だからこそ各国の労働者に適切な対価を支払うことが重要です。

環境問題、エネルギー戦略

次に、現代社会のインフラを支える上で不可欠な、電力発電事業について考えてみましょう。

例えば東京電力などの大手発電事業者は火力発電から水力発電、そしてまた火力発電にシフトし、その後　原子力発電を主力に据えてきました。その背景について考えてみます。

初期は大型の発電設備がまだ社会実装されておらず、送電効率が今ほど高くなかったことを背景に、小規模な発電設備で地域分散型の電力網が構築されました。しかし、水力発電が大型化し、送電効率が高くなってくるにつれ、大規模発電の効率性が高まり、当時の集中電源の代表格である水力発電へ移行していきました。

水力発電については、日本は山が多く比較的雨が多いので地理的・気候的条件が整っています。一方で、石油などの資源には恵まれていないため、海外からの資源輸入に依存せず、一度作ってしまえば持続的に水力から発電ができる水力発電は当時かなり魅力的に映ったはずです。

ここで加味されていたのは、水資源は持続的かつ安価であるという前提です。したがって、建設費用という初期費用がたとえ多額であったとしても、一度作ってしまえば、長期的にはその初期費用に余りある利益が期待されたのです。

おそらく当時の試算では、利益算出の最大の費用は、建設に関連した減価償却費用だったでしょう。減価償却が終わってしまえば、ランニングコストは水資源が安価であることを前提に極めて小さく、持続的かつ多額の利益を生み出す方法と考えられていたことでしょう。

しかし、実際は違いました。山岳資源を切り崩したことで、水害や生態系への影響が生じてしまいました。また、水力発電は気候の影響を受けやすく、発電から送電、そして利用までの全体のエネルギー効率が必ずしも高くないという問題もありました。

その結果、大規模だが一定分散し、発電量をコントロールしやすい大規模火力発電を中心とした電力網が構築されるようになりました。当時はまだ、石油の枯渇の問題や環境問題が今ほど叫ばれておらず、輸入に依存するとはいえ中東等との国交を強化することで安定的に石油やＬＮＧ（液化天然ガス）の調達を確保できれば、非常に効率的な発電方法であると位置づけるようになってきましたが、現実的にはまだ再生可能エネルギーのコスト競争力が高くなることが求められています。それだけ資本主義の重圧は大きなものなのです。

より踏み込んだ社会変革を促すには、まず電力は高価なものである、と一人ひとりが認識することが必要です。低価格に慣れてしまった消費者が目を覚まし、本来の価値に気が付くことが最初の一歩なのです。しかし、実際にはＣＯ$_2$排出という環境コスト（社会的コスト）が発生していました。

環境への配慮や、石油資源の高騰リスクを踏まえ、原子力を発電に積極活用することがより合理的とみなされるようになってきました。ただ、この裏には東日本大震災を契機に世界が知ることになった、廃炉も含めたトータルコストと潜在的なリスクに対する大きな代償が潜んでいるのです。原子力発電は土地を汚し、その廃炉にとてつもない時間とお金がかかるという事実に私たちは向き合わなければなりません。

そうした流れを受けて、今、世界中から注目を集めているのが再生可能エネルギーです。太陽光・風力・地熱・バイオマスなどをはじめとした再生可能エネルギーが、これまで各国の電力政策として立案されてこなかったのはなぜでしょうか。

それは、既存の発電設備のコスト競争力が高すぎるため、短期的な利益創出が難しく、資本主義的な短期志向においては大きな推進力を十分に得られていなかったためです。

資本主義が生んだ食糧、貧困問題

一昔前の食糧問題と言えば、貧困に関係した食糧問題だったと思います。つまり、貧困のために十分な栄養を得られないというものです。

貧困という課題を解決するためには、食糧はできる限り安価であることが求められました。結果的に、できる限り安いものを大量に生産することを資本主義の中で目指すことになったのです。

食糧問題は資本主義が生んだ歪《いびつ》な効率性の産物です。

鶏肉を例に考えてみます。鶏肉の販売を行なおうとすると、できる限り均質な鶏を生産し、そのためにできる限り安くて栄養価の高い穀物を仕入れ、それを工場で大量に飼料に加工し、それを世界中に届けて販売することが求められるでしょう。穀物を自前で生産するよりも、より効率的に生産している専業の企業から仕入れることになるでしょう。

その企業は大規模農業で遺伝子組み替えの穀物を作り、病気に強く安定した量を生産でき、できる限り栄養価の高い品種を開発し、その生産を安定させるために農薬も使うことでしょう。農薬は自前で生産するよりも、専業の企業から仕入れることになるでしょう。

そうやって生産したものを世界中に販売する際には、大手小売企業に販売を依頼し、できる限り大きな売上を作ってもらうことでしょう。そして、世界中に販売するために、大手物流企業にその配送を依頼するでしょう。

場合によっては加工品にしたほうが、単価が上がるケースもあるでしょう。その場合は加工業者が加工し、消費者のもとに届けられるでしょう。一旦加工したものは賞味期限がくれば、廃棄されることでしょう。

確かに一羽の鶏を生産するコストは、工業化によって著しく低下したかもしれません。本来は二〇〇〇円かかるものが、二〇〇円で生産できているかもしれません。しかし、その過程で大量の業者から様々なものを購入し、販売の過程ではバリューチェーンに多くのコストがかかっているのです。

結果として、消費者には二千円よりも少し安く届けられているのかもしれませんが、その裏では本来の鶏肉業者ではなく、様々な企業がその過程で大きな利益を上げることがわかります。

大量生産を前提としたバリューチェーンにおいては、様々な企業がそこで生じる利益を享受しているのです。例えば、農薬企業、物流企業、冷凍倉庫企業、加工設備企業、廃棄物回収企業など、様々な企業が介在します。

このバランスはすでにある生産量や消費量、また価格を前提にしています。ほんの少し価格を変えるだけで、全く異なるバリューチェーンがより持続的で効率的になる可能性があるのです。例えば、ローカル地域で地産地消をすることで物流コストを抑えたり、餌の穀物の栽培に農薬を使用しなかったり、といった具合に。

農作物も同じです。トウモロコシは世界で一番生産されている農作物として有名です。カロリー当たりの単価が最も安く、畜産の餌や加工食品にとってなくてはならない存在です。もし仮に、トウモロコシに農薬を使わなかったらどうなるでしょう。今の品質とコストは維持できず、毎年もっとトウモロコシの価格が変動することになるでしょう。

その代わり、それを口にする人間の健康への影響はより軽微になるとしたらどうでしょうか。

トウモロコシの生産には、多くの農場地が使われます。つまり、環境問題に与える影響も大きいということです。トウモロコシの生産量を抑え、価格を引き上げたらどうなるでしょうか。おそらくあらゆる加工品の価格が上がり、畜産物の価格が上昇するでしょう。

その代わり、環境問題や食の安全の問題、また廃棄の問題を解消することで、社会的コストを減らすことが可能になるでしょう。これはトウモロコシの生産販売に関わる利益の分配を大きく変えることになります。

資本主義のルールか、サステナブル資本主義のルールかによって、その利益を享受する企業や国が大きく変化するのです。ステークホルダーが既得権益を有した大企業や国家であるからこそ、この状況を変えるのは簡単ではありません。このことを政治や企業へのクレームといったメディア活動だけで実現するのも簡単ではありません。それで変わるのであれば、すでにこれらの問題は解消しているに違いないからです。

実際に食糧問題を解消するためには、代替手段を産業として育てていくしかないのです。違うやり方に賛同する消費者が増えてくれれば、次第に市場が拡大していきます。市場が拡大することで、より大きなお金が流れてくるようになり、大企業が市場に参入したりするようになるでしょう。

実際に消費を通じた市場創造をすることで、徐々に国家や関係団体への影響力が増していき、政治的にも社会的にも目指すべき方向性としての賛同が得られるようになるのです。消費を通じた市場創造の力は当初は微力ですが、サステナブル資本主義のルールに従って、大きく育てていくことが可能です。私も、新産業の創出を通じて、少しずつ大きな市場に育てていくことを日々頑張っています。そうして、大きな市場になってくれば、大企業を巻き込み、より優秀な人材を獲得し、大きな資金を調達し、必要に応じて国を巻き込みながら、新しい社会の方向性として提言していくでしょう。

ミッションを対外的に発信していくこと、自社の存在意義を明確に語ること。日々、私が活動しているのは、このようなものですが、まだまだ市場の規模が小さいと感じています。より大きな市場を創出することで、より良い社会の実現が近づくと考えています。

食糧問題の複雑さは、貧困問題に起因しています。なぜなら、食糧の価格が少しでも高騰すると、新たな貧困の問題を引き起こすからです。そして、貧困を解消するためには、できる限り安く生産することに合理性があるからです。

資本主義によって生み出された企業が少しでも安い製品を供給することで、大量生産により効率化は図られているものの、実はものすごく非効率なことが内包される結果に陥っているのです。

食糧問題を解決するには、貧困の課題を同時に解消していく必要があります。だからこそ、持続可能な社会を実現するには、まず消費者たる個人に十分な豊かさを提供していく必要があるのです。

小売店は均質な品質を求めます。そのために、農薬が使われたり、廃棄が生じたりします。そのコストは消費者が実質的に負担しています。大量生産をするためには、生産地を集約化する必要があります。大量生産のために冷凍したりする手間も含めて、多大なる物流コストがかかってきます。

隣の鶏農家が作った鶏肉であれば二〇〇〇円かもしれませんが、大量生産の場合には本来はかかるはずがない費用が膨大に存在します。一見効率的に見える資本主義のやり方の裏には、社会的にはどんどん非効率を生み出しているという矛盾が発生しているのです。農薬の社会的コストに関しては、人の健康への影響も考えなければいけません。医療費という形で社会的コストは増大していくでしょう。また、物流などの環境コストも甚大です。貧困の問題を解消しないため、今の食糧問題にメスを入れることができず、結果的に他の社会的コストを増大させています。労働対価などの不平等を解消し、労働分配率を引き上げ、一人ひとりを豊かにすることで、全体の社会的コストを引き下げていく発想が必要です。

ここまで見てきたように、世界の課題と言われている問題は、非常に複雑に絡み合っています。資本主義のルールのもと、大量生産、大量消費を前提に、お金主体、投資家を中心とした富のサイクルが出来上がってしまっており、その結果として労働者に十分な富が循環していないため生じている問題も多いのです。

そして、余裕がない個人は消費行動において考えることをしなくなっていきます。

一つひとつの社会課題は私たち人類にとって極めて重要な問題な上、複雑に絡み合っています。だからこそ、本質的な課題である資本主義の弊害から目をそらしてはいけないのです。この資本主義の弊害に立ち向かえるのは、消費者、労働者、投資家という三つの顔を持ちうる個人、つまり私たち一人ひとりです。

第五章

日本は世界のリーダーになれる

世界のリーダーになるために

最後に、今後の展望について述べたいと思います。

これまで、持続可能な社会を実現するために不可欠である、投資家マインドを持った「考える消費」の必要性について述べてきました。

これまでの資本主義が「お金、投資家中心」の社会だとしたら、「人中心の社会」、つまり、個人の消費や投資行動、労働力の提供がつくる社会へと舵を切ろうということです。

持続可能な社会に向かうのは、日本にとって追い風になるのでしょうか。旧来の資本主義からサステナブル資本主義へと移行することができれば、日本にはどのようなチャンスがあるのでしょうか。

私は、サステナブル資本主義への方向転換は、日本にとって大きなチャンスになると考えています。日本がサステナブル資本主義の成功例を示せれば、世界のリーダーになることができると考えています。

逆に言えば、単なるイノベーションに依存した産業の創出では、その産業のリーダーになることはできても、より良い社会に導いていくリーダーになることはできないように思います。

私はこれまで、宇宙開発、外資系投資銀行、スタートアップの投資家というキャリアを通じて、日本を外部からの視点で見る機会に恵まれてきました。海外でのビジネスに留まらず、テクノロジーの視点や投資家の視点で、日本や企業を客観的に見つつ、深く入り込む経験をしてきました。

その経験から言えることは、「日本は世界から学ぶことが数多くある」ということです。内向き志向が強いがゆえに、外の世界を学ぶ姿勢が足りない事実を踏まえ、もっともっと貪欲に海外のことを学ぶべきだと思います。自分たち以外のことに関心を持ち、恐れと敬意を持って調査し、取り組むことも必要かと思います。

日本では、模倣ばかりだとネガティブに評価する傾向がありますが、倫理的なルールの遵守は前提にしつつも、中国や韓国の姿勢は学ぶべきところがあると思います。

ソフトバンク創業者の孫正義さんは、海外で成功したビジネスモデルやサービスを日本でいち早く展開する経営手法を「タイムマシン経営」と表現していましたが、海外のトレンドに敏感で良いところは取り込むという姿勢は経営だけでなく、国の進展を考えるにあたっても不可欠です。

どの国も完璧ではありませんし、日本にチャンスがないわけでは決してありません。日本にも良い部分や優れている部分がたくさんあります。世界がうらやましがっていることがたくさんあるのです。

近年、世界的にも持続可能な社会の実現や、省エネ、環境問題の重要性、ステークホルダー主義などが叫ばれるようになりました。これらは海外からすると極めて新しく、過去とは全く違う価値観と言っても過言ではないのですが、実は日本にとっては昔から至極当たり前なことが多いのです。

日本は、消費者や株主に求められなくとも、最高品質を目指したり、安心・安全を目指して技術開発や製品開発を行なってきました。結果的に、それが製品価格に転嫁しきれず、利益創出が出来なかったケースは珍しくありません。例えば、エレクトロニクス産業で一時世界をリードしていた日本は、電力消費という基本的な技術についても大きく投資をし、その技術を高めてきました。それによって、世界最高峰と言われた省エネ技術をつくりあげたのです。

日本のそうした先進的な投資に、当時の世界の消費はまだ追いついていなかったのです。これらの需要は高まり、消費者が価値を認識する時代がようやく訪れているといえます。

働き方についても同様です。家族主義的な考え方が強く、地域社会に溶け込んだ現場や、終身雇用のシステムも日本が築き上げてきた競争力の源泉でした。資本主義における企業間の競争が激しくなるにつれ、短期の利益志向の重圧に屈する形で徐々にそのシステムは崩壊し、競争力の源泉にはならなくなってきましたが、実は日本は以前から、サステナブル資本主義において重要な、人中心の社会や、持続可能性を実現する技術に大きな強みを持っていたのです。

iPhoneが最も普及した裕福で豊かな国

「失われた三十年」と言われ長期低迷を続けているように見えても、日本は豊かな国だと思います。

いまだに一人当たりのＧＤＰ（GDP per Capita）は高い水準を維持していますし、中国に抜かれたとはいえ、単一国家としては世界第三位のＧＤＰを誇る経済大国でもあります。

例えば、Apple の iPhone が最も普及した国が日本であることはご存じでしょうか。iPhoneは日本では圧倒的な市場シェアを有していますが、実はこれほど高いシェアを持っている国は必ずしも多くないのです。

日本では近年、六〜七割のスマートフォンユーザーが iPhone ユーザーだと言われています。アメリカはそれに次いで多いものの、四〜六割にとどまります。一方で中国は二割未満、インドでは数％に留まります。

日本は昔から携帯電話に高い料金を支払っていました。かねてから問題となっている二年縛りの契約（二年単位での契約で、途中解約などに違約金がかかる契約形態）があり、携帯電話の端末料金こそ安く見えていたものの、通信費用の総額という意味では世界でも有数の高さかつ、市場規模でした。

日本の通信費用が高止まりしているという話は、ソフトバンクグループの孫正義さんや、総務省からの提言ですでに耳にしている方も多いと思います。日本人は通信費用にそれだけお金をかけられるほど裕福だったということです。

多少高くても、iPhone が示す未来の可能性に熱狂し、iPhone を買い求めたのです。もし仮に、支払い余力がなければどうなっていたでしょう。日本も他の国と同様に、これほどまでは iPhone は普及せず、Samsung や Google、もしくは Xiaomi（シャオミ）といった、より低価格の Android の携帯端末が普及することになっていたかもしれません。

日本では、光ファイバーや、携帯電話の通信インフラも整備がされていました。だからこそ、この利便性を国として享受していくことが可能だったのです。

余裕がない国の場合、携帯電話のインフラを整備する費用をどのように捻出できるでしょうか。また、インフラの品質が低ければ、消費者はモバイル通信サービスに大きな価値を見出しづらいでしょう。

仮に国が整備する費用を賄えたとしても、肝心の消費者、つまり国民が十分に裕福でなかったら、売上は期待されず、インフラ整備の費用はいつまでたっても回収されることはないでしょう。

日本はそういう状況ではなく、通信費用を払うに十分なほど豊かだったという条件が重なっていたのです。

それが日本の特徴であるし、強みでもあるのです。もし、これを当たり前のことと感じていたら、それこそが内向き志向だということです。

サステナブル資本主義において、日本が国として、そして一人ひとりが十分に豊かであることは大きな強みになるのです。新しい、未来に向けて消費活動を行うには、個人にその余力が必要だからです。

社会課題、様々な価値に気づくための教育

同じことは教育にも当てはまります。

先進国の中で大学進学率が低いという状況はありますが、日本の教育水準は決して低くはありません。それは日本の強みになると思います。この教育のインフラを使いながら、

ファイナンスや投資、経営、世界のトレンド、社会課題について教える機会を提供できれば、さらなる武器となるでしょう。

私は前職でグローバルな同僚と仕事をしてきましたが、彼ら彼女らはここで挙げたような分野や、社会情勢や課題、歴史に対する知識は平均的な日本人を圧倒的に凌駕していたように感じています。日本でも同様の知識や社会のニーズを理解するための複合的な知識として教育する視点が必要です。

勉強が役に立つのかという疑問を持つ学生が多いように思いますが、そう思わせてしまっていることにこそ課題があるのではないでしょうか。起業家や投資家が歴史や社会学など多方面の知識に貪欲なのはその必要性を痛感しているからでしょう。一つひとつに深い理解や知見はあるに越したことはありませんが、まず社会の課題を理解し、共感を持ってそのうねりを拡大していくためには、そのような前提知識があるかないかで、大きな差になるように思います。

海外の起業家と話をすると、日本の起業家と違いを感じることがよくありました。彼ら彼女らは明確な何かを実現しようという姿勢を強く感じます。短い時間で成果を上げるためには、目の前にいる誰かの前提や置かれた立場、自分との違いを理解し、議論を進めようとします。その際に、一見ビジネスとは関係がなさそうな知識が活かされるのです。

私が日本人だとわかれば、日本ではこのような考え方をするかもしれないが、このサービスはこのような前提に立っている、といった説明が可能になります。相手が陥りそうな誤解を避けながら話を進めることはプラスに繋がります。

日本人が比較的苦手なこととして、「長期視点のもと実現可能性が低い話をする」ことが挙げられます。確実に実現できる見通しが立っていることに関しては、積極的に説明したり、コミットメントを示したりできる一方で、不確実なことや将来どうなるかわからないことは説明が下手だったり、話題にすら持ち出さなかったりします。

これは資金調達などのファイナンスにおいては致命的になることもあると同時に、持続可能な社会を実現するには大きな足かせになり得ます。なぜなら、社会課題を解決する糸口が見えたとしても、その時点ではまだすぐに解決できるわけではなく、不確実なことが多いからです。

だからこそ、長期視点かつ、ミッションドリブンで話をできることが求められます。これは幼少期の教育から変えていく必要があるテーマかもしれませんが、サステナブル資本主義を実現するには、不確実性ではなく必要性を重視し、課題を解決することに共感を持って人とお金を動かしていくという思考を身につける必要があるのです。

ごく少数の特定の領域に長《た》けた天才を生み出すことも大事ですが、社会そのものの仕組みや状況を広く理解することや、社会の構成員である労働者や消費者が社会を考える前提知識を広く持つ社会を実現できれば、それだけ共感の量は増加するように思います。共感の量は新しい市場を生み出す原動力になります。日本に高い倫理観や、広い視点を持った消費者が多く存在すればするほど、それ自体が強みになるのです。

外国人が働きたい国になる

日本は社会課題にあふれています。課題が多いことは一般的にはデメリットに感じるかもしれませんが、サステナブル資本主義においてはメリットになります。

新興国では貧困問題がある国も多く、それと比較すると日本は課題が少ないと感じる人もいるでしょう。しかし、これから世界が直面するのは、お金だけでは解決が難しい課題です。日本はそれらの課題に直面しています。

例えば、人口減少、高齢化社会の課題は日本にとって大きなチャレンジとなるでしょう。一方で、世界でより早く課題に触れられるのはメリットでもあります。真っ先にその課題に向き合い、解決に向けて挑戦することができるからです。

私は投資家として多くのスタートアップを見てきていますが、皆課題を見つけることに必死です。課題がなければ、スタートアップの存在価値がないからであり、逆に言えば重要な課題を見つけることができれば、それ自体がスタートアップが成長するための大きな力になるのです。課題を見つけることが第一歩なのです。経営者は、課題を適切に言語化し、皆で解決する意義を感じ、共感できるようにし、多くの仲間や資金を集めていきます。

明確な課題は最も大きな共感を生むための強い原動力でもあります。課題が多いことは、新しい市場を生み出す地下資源を有していることと同じです。あとは、課題という資源をどのように活用していくか次第です。投資家マインドを持った長期的な「考える消費」、労働の提供、投資といった一連の個人の行動が必要です。

スタートアップの成長のエンジンは間違いなく人です。

成長著しい会社には優秀な人材が集まります。そういう良い循環を生み出せている企業は強いです。日本で優秀な人材が集まるような状況を生み出せるのかがこれから日本がリーダーになっていく上で鍵を握ると思います。

課題にあふれた国なので、その課題を解決したい、その解決に関わることで自分の価値を高めたい、という人は日本だけではなく、世界中にいるはずです。課題を解決し、世界のリーダーとなっていくためには、日本で働きたくなる状況をどのように生み出していくかが不可欠でしょう。

現状でも、日本で働きたいと思う外国人は大勢いると思います。日本の最先端の製造技術やテクノロジー、サービス業のノウハウを吸収したい人もいるでしょう。ただ、日本はそれ以上に純粋な労働力として外国人に期待を寄せている側面があると思います。

長らく議論が続いている移民の問題も、多くは不足する労働力をどのように補うかという視点が強いように感じます。これは既存の資本主義における労働力の購買にほかならず、労働力を安く購買できる外国人に期待しているだけのように思います。


サステナブル資本主義の考え方に立つと、その国に、労働力を提供したくなるような魅力があることが重要になります。なぜその国で働きたいのか、明確な理由を提供することが重要なのです。

それには、日本に世界に先駆けて社会課題を解決しようという現場の魅力や共感性があり、それに見合った対価を支払うようにしていくことです。例えば、日本は高齢化社会の先進国になります。高齢化社会においては、働き方、医療、生活インフラ、様々な関連課題が山積です。長年製造業で競争力を有してきたからこそある、省エネや環境技術も豊富です。

一方で、日本にはソフトウェアなどのデジタル人材や、グローバルに展開していくグローバル人材が不足しています。日本で最先端の社会課題を一緒に解決していくというミッションに共感してくれる世界の優秀な人材は間違いなく存在します。むしろ優秀な人材であればあるほど、自らの能力を最大限生かせる場で働きたいと考えるものです。

日本にその課題があり、それを解決していこうというミッションがあれば、あとは受け入れるだけの仕組みや文化、適切な評価体制や報酬が準備できれば、決してできないことではないのです。

一つ気をつけなければいけないのは、外国人向けの仕事の平均給与が低ければ低いほど、それに見合った労働力を提供してくれる人が集まるということです。日本が不足する労働力を補うために外国人を雇用しようとすると、逆に優秀な人材は集まりづらくなります。そうではなく、最先端の課題解決のために合理的かつ魅力的なインセンティブを提供する国だ、となれば世界中から優秀な人材が集まると思います。受け皿となる雇用主も、自分たちにないノウハウや価値を提供してもらう学びの姿勢でこの労働力を活用できれば、世界中の素晴らしい知見や経験がどんどん日本に蓄積されていきます。

優秀な人材によってもたらされるリターンは、国民、企業、投資家、国が享受することになります。その価値創造プロセスの中のノウハウも日本に蓄積していくのです。社会課題を真っ先に解決したというブランドと実績とともに。

これがいかに大きなものかは、他国の例でも見てとれると思います。私は建築や家具が好きですが、北欧のデザインにおけるブランディング、影響力にはすさまじいものがあると思います。もし彼らがデザインを価値のないものと捉え、賃金を抑え、世界中から労働力を集めるようなやり方をしていたとしたら、今の北欧デザイン、ブランドは獲得できていないのではないでしょうか。デザインに価値があることを前提とし、世界中の優秀なデザイナーがそこに集結して働きたくなる魅力を提供したことが出発点だったと思います。

サステナブル資本主義のように人を中心に据えて考えることで、はじめてこのような発想の重要性が理解されます。お金を中心に考えてしまえば、この循環は生み出されないのです。

社会課題を解こうとする過程で、単なる労働力に目を向けてしまえば、高齢化社会の根本的な課題解決はますます難しいものとなってしまいます。労働力はあくまでも国別の賃金格差を利用したものであり、その格差がなくなった瞬間に持続性がなくなってしまうからです。

労働賃金を引き上げる方法

賃金の高い労働者が日本に増えることは、日本の消費の力が増大することも意味します。社会課題の解決を目指すような労働者が増えることで、考える消費者が増えることにも繋がるのです。

賃金の高い労働者を生むことは本当に実現可能なのでしょうか。またそれが実現されると社会はどのように変化していくのでしょうか。

その前に今、スタートアップの現場で起きている状況を少しご紹介します。日本の大企業においては二十歳前後の若者から六十歳前後の従業員までが働いていることが一般的でしょう。スタートアップの現場はそれとはかなり異なります。多くの従業員が二十代、三十代であるのです。労働力の提供において必要なものは何でしょうか。経験でしょうか、スキルでしょうか、学歴でしょうか。これまではこれらのものが重視されていましたが、その構造も少しずつ変化してきています。それはイノベーションの進化の速度と無関係ではありません。

技術革新や新しいビジネスモデルがどんどん誕生しています。この動きの中で、大きな付加価値を生み出す企業は、これまでなかった産業やこれまでなかった企業であることがほとんどです。その場合、経験やスキル、学歴はどの程度重視されるでしょうか。確かにあったほうが良いものもあるのかもしれませんが、実際は現状と異なる新しい価値創造をどれだけ信じて社会や消費者の声に向き合えるか、それを営業や開発といった現場に落とし込めるかということのほうが重要です。

新しいビジネスの現場に飛び込み、考えながら自らのスキルやキャリアを磨いていくという働き方は今後ますます一般的になっていきます。このように社会が変化していくとすると、どうでしょうか。これまでよりも転職はより容易になるのではないでしょうか。

もう一つ重要な視点があります。それは先述した人的資本経営という言葉の通り、企業は非財務情報の重要性に気がついてきたという事実です。企業はいかにして優秀な人材を獲得し、育て、企業内に留めて、有効に活用するかが問われるようになっています。

だからこそ、それぞれの企業が掲げるミッションに対する共感性が高く、新しい価値観を取り入れ、創造できる人材であれば、活躍できる可能性が高まっているのです。

そのような人材に対する投資を積極的に行なうようになると、人材がその業界の知見やスキルを磨く機会は増加していきます。少し前までの日本では、大学をある意味、職業訓練学校として捉え、特定の分野で勉強し、その分野の知見を活かして就職し、定年まで同じような研究開発をしていた人材も多くいたかもしれません。しかし今は、全く異なります。

大学は研究機関、もしくはただのネットワーキングの場と化しており、専門領域を磨くという意味での重要性は当時よりも低下しています。ビジネスの現場においては、専門性の重要性も高まっているのですが、そのような専門性を有した人材ばかりが求められるわけでもないのです。

だからこそ、自らの過去の経験や今保有しているスキルをベースに働く場所を選択するよりも、未来社会や社会課題といった将来を見据えて働く場所を選択する必然性が高まってきているのです。未来社会に必要なものは、ヒト・モノ・カネといった資産を投下する価値が高く、そういう事業こそが大きな価値を生み出す可能性が高まっています。

過去の経験に適合しているという理由だけで、未来社会に必要のない事業に労働力を提供しても、そこから得られるリターンは小さい可能性が高いのです。

最後にもう一つ重要な視点があります。これまでは経験やスキルにより大きな賃金格差が生まれた社会でした。そのために、教育投資が最もリターンが高いといわれていました。教育に投資できた人はその後も高い賃金を得る可能性が高く、そうでない人は選べる職が限られてしまい、賃金も低い傾向があるという社会です。これは不平等の温床であり、資本主義がこの格差を拡大する仕組みであることはこれまでも述べてきました。

この賃金格差を是正することなしに、不平等は解消するでしょうか。持続可能な社会は実現するでしょうか。私はそうは思いません。

社会が豊かになればなるほど、最大のリスクが「人類そのもの」になっていくからです。テロや戦争、不特定多数の殺傷事件など、規模に問わず現代社会でも、人が大きなリスクとなっている事例は数え切れないほど多くあります。その大きな原因の一つが、格差であり賃金の不平等さであるならば、積極的にそれを解消する方向にもっていくのがあるべき姿ではないでしょうか。

資本主義の中では格差は拡大していくため、その実現は極めて困難です。搾取されている業界に賃金を引き上げろと言っても、それは現実的ではないでしょう。格差是正に向けて、国が最低賃金を引き上げるという選択肢もありますが、少しずつしか上げられないのが実態ではないでしょうか。並行して、社会課題を解決するような事業を営んでいる企業が、賃金を引き上げていく必要があると思います。

私は、スタートアップ企業への投資を行なっていますが、常にそこで働く従業員の平均給与を引き上げていくべきだと考えています。スタートアップの現場で最も枯渇しているのが人材だと本書でも述べていますが、それを解消する最も有効な手立てが賃金の引き上げです。

もし、日本のスタートアップの平均給与が今の二倍に引きあがれば、様々な変化が起きることは間違いありません。これまで採用できなかった人材がスタートアップに流れてくるでしょう。給与が高い四十代や五十代の挑戦もより増えていくでしょう。そうすることでスタートアップにおける知見と実行力が拡大し、持続可能な社会と大きな価値創造の実現の可能性が増大するのです。

スタートアップ投資家の視点から捉えると、人材への投資はスタートアップ各社の損益分岐点を引き上げ、リターンを創出できる可能性を引き下げることになります。結果として、大成功する企業は生まれやすくなる一方で、なんとか収益化して、そこそこのリターンを上げることは難しくなるでしょう。つまりミドルリスクミドルリターンから、ハイリスクハイリターン型により移行していくのです。

一見すると愚策のように感じられるかもしれませんが、ごく少数のリターンが全てのリターンを凌駕しうるスタートアップ投資においては成り立つバランスであり、全体のリターンの観点では、このほうがリターンが最大化する可能性があるのです。実際、日本よりも海外のほうが成功確率は低い分、ユニコーン企業や数兆円の企業が多く生まれています。

その過程で実現していくべきなのは、単純労働とみなされている労働力の賃金の引き上げです。将来自動化できるのであれば、投資をして自動化すればよいのですが、現在自動化できていないことを安い労働力の活用によって補ってしまうのが資本主義の罠です。短期的な利益創出の観点では仕方ないとしても、長期的な価値創造を目指す企業こそ、あらゆる人材により適切な対価を支払っていってほしいのです。そうすることで、必要な人材がその企業にどんどん集まっていくことでしょう。

一例ですが、あるタクシー会社が運転手の賃金を二倍にしたとしたら、おそらく全ての運転手はその会社への転職を考えることでしょう。そうして業界の賃金構造を引き上げていくことと、そのコストの増大分を消費者に転嫁していくことが必要なのです。その結果としてタクシーに乗る人の数が減ったとすると、適正な価格においてはその程度の需要しかなかったということが実態で、労働力の搾取によって生み出されていた市場が消滅したと考えればよいのです。

これを「失業が増加する」とだけ捉えてしまうとネガティブに聞こえるかもしれません。ただ、人材の流動性が高まるにつれ、転職は今よりもさらに身近なものになる未来も同時に近づいてきます。ミッションに対する共感性が高く、新しい価値観を取り入れ、創造できる人材であれば、未来社会にとっても必要とされる別の産業や企業から求められるはずです。

労働力の値決めは産業構造のバランスを決定する大きな要素の一つです。労働力の対価は今の固定値ではなく、適正な価格に向かう変数であるべきです。その変数が、不平等性が低く合理的である価格になったところがサステナビリティの均衡点であり、それを前提にテクノロジーを活用し、新たな社会の実現に向かっていけばよいのです。

時間をかけ粘ることも必要

サステナブル資本主義に移行していく中で、これまでと変わっていくべき点があります。それは事業の撤退や売却等の判断です。これまではある意味合理的すぎた側面がありますが、難しい長期的な社会課題を解決していくためは忍耐強くなくてはなりません。

というのも、株主のリターンに誠実であろうとすれば、苦しくなった事業を撤退したり、売却するという判断は合理的でもあるからです。決して悪いことばかりではないのですが、サステナブル資本主義ではもう少し粘りが必要になってくると私は考えています。

スタートアップの観点で言えば、少し失敗したくらいですぐあきらめてしまう状況は、時に価値を生み出す機会を喪失してしまうことにもなりかねないからです。

具体的には、創業当初に立てたミッションに変更がないのであれば、やり方がまずいのか、時代が追いついていないためなのか、どちらかの可能性があります。

スタートアップでも成功を収めるためには、ビジネスモデルや挑戦の方法、プロダクトのコンセプトなど、大幅な変更を繰り返すことはよくあります。

極端なケースではゼロに戻って、全く違うアプローチをするほどです。それくらい、純粋に課題解決に向かうことが求められるのです。ほんの少しの失敗も許容できない文化では、大きな成果は到底生まれません。

日本でも長期的に挑戦を続け、近年時価総額が一兆円を超える企業になった企業が複数存在しています。エムスリー、日本M&Aセンター、モノタロウなどが挙げられます。それぞれ直近五年間ほどで急成長を遂げていますが、そこに至るまでに十年二十年と長期的に当該市場にコミットして続けてきました。

日本M&Aセンターは日本でM&Aが一般的になる随分前の一九九〇年代前半からこの市場がいずれ拡大することに着目し、事業構築ためのネットワークや人材獲得を進めてきました。長期的に拡大する企業は、課題が一般的に広く認知されてから事業を始めるのではなく、随分前から始めて時代が追いついてくるのを待ち構えているのです。未来志向のミッションに持続的に挑戦し続けること自体が価値創出の源泉であるのです。

日本電産も今でこそ大企業ですが、20年前は違いました。モーター一事業者に過ぎなかった日本電産ですが、五十年近く前に電動モーターの可能性に気がつき、いずれはすべてが電動化し、モーター技術があらゆるものに搭載されるという強い信念のもと、続けてきたからです。正しいミッションをもって粘り続ける経営力があれば、いずれは時代が追いつきます。未来に向かって持続的に成長し、社会的価値を創出することも可能となります。

株主至上主義的な考え方で手放されたもの

過去に日本企業が手放してきた技術はいくつもあります。その中には、時代の変遷とともにこだわるべきではないと判断されたプロダクトも多数あったでしょう。

しかし同時に、基礎的な通信技術や半導体の技術など、今後の社会実装を考える上で大事なものでも、資本主義の効率至上主義的な考え方の裏で手放してきた過去があるのです。

私が大学生であった一九九〇年代にはインターネットの時代が来ると言われました。IPv6（インターネットプロトコルバージョン6）であらゆるものがインターネットのアドレスを有し、演算能力は指数関数的に拡大し、あらゆるものが自動化される時代が来る。このような未来は皆が理解していました。

日本電産の永守CEOがモーターが重要だと信じ続けたように、通信技術や情報処理技術、半導体などはインターネット時代の基盤産業になることは明確でした。当時の日本はそのどの産業でも世界をリードしている国の一つでした。ただ、残念ながらこの二十年で競争力は低下してしまったのが実状なのです。

競争力を失っていく過程の中で、日本は産業の価値を、財務諸表や短期的な収益力で判断するようになっていきました。

銀行主体の金融システムで成長を続けていた日本企業が、同時に収益力が低下していた銀行に短期的な収益回復を求められ、同時に資本市場のグローバル化が進展する中で、また株主からも短期的な利益創出のプレッシャーを受ける中で、徐々に追い込まれてじり貧の戦略しか取れなくなっていきました。

これからは、社会課題を解決するために正しいミッションを掲げ、優秀な人材を擁《よう》し、持続的に挑戦できる状況を作り出している企業が高い評価を受けるべき時代です。

二十年三十年前の日本も、そうした長期志向で事業価値を考えることができていれば、厳しい状況を打破するための、異なる選択肢があったでしょう。日本企業同士で不毛な価格競争に陥ることなく、長期的に事業に挑戦できる技術、人材、財務基盤を整えることができたはずです。

半導体や通信機器などは極めてもったいなかったですし、情報処理技術を使って短期的なモノ売りの利益ではなく、データや社会インフラとしての持続性に着目できていれば、今の日本は信じられないほどの産業としての競争優位性を実現できていたように思います。

今残っている大きな社会課題は、解決するのが難しい長期的な課題ばかりです。失敗を許容できる文化がない中では、誰も大きな挑戦を長期的にし続けられないでしょう。

国民つまり消費者も労働者、そしてもちろん企業も投資家も、長期的な視点で粘り強く挑戦し続ける文化が必要になります。

そのためにも、国と企業と個人が一体となって、ミッションやその重要性を共有しておくことが大事になってきます。もしそのような強いミッションを日本のバブル崩壊後に持っていれば、日本は二〇二一年を、今とは比較にならないほど圧倒的な国際的な競争力を持った形で迎えられていたと思います。それだけ当時の日本企業の立ち位置や技術力は圧倒的だったのです。

でも、今からでも遅くはありません。日本は今もなお、優位性のある技術や人材を抱えている国だと思います。技術だけに目を向けるのではなく、巨大で人類や社会にとって重要なテーマにこそ、その技術を活用していく視点を持ち、それを国と企業と個人が共感し、一体となって取り組んでいけば、十分世界をリードしていけると思います。可能性は十分あります。

国や企業が意思決定できる状況を生み出す

未来への道のりが困難であればあるほど、その意思決定は難しいものになります。日本はガバナンスに対する意識がまだ低く、意思決定力を強みにできている国とは考えていません。だからこそ、投資家マインドを持った考える消費者の消費行動が、その意思決定の後押しになる可能性が高いのです。

自分には意思決定を支えるほどの能力も知見も足りない、それが後押しになるはずがないではないかと考える人もいるかもしれません。私は消費者に万能になってくださいと言うことを申し上げていません。

考える消費者は、経験を積んだ経営者や投資家になる必要はありません。経営者や投資家でも、万能な判断ができる人は存在しません。あくまでも、専門家など多くの人の意見を集約し、合理的な判断をできる人にすぎません。そこには大勢の人が介在し、意思決定を支えている実態があるのです。

考える消費者に一番必要なのは、社会課題への関心とその課題の重要性の正しい認識を持つことです。課題を設定することは、起業家の大きな役割の一つであることは触れてきました。そのような唯一無二の誰も気が付いていない課題を発見してくれということもまた申し上げていません。大事なのは、既に明らかになっている社会課題について正しい認識を持つということなのです。

ほんの少し社会課題に関心を向け、そのことの重要性を思考することができれば、自ずと消費や労働の提供、そして投資の行動に大きな変化が生まれるはずです。

そして、同時に知っておいてほしいことがあります。一個人として豊かになることと社会が発展することは、実は同時に実現が可能な社会になろうとしているのです。地球をむしばむことで利益を上げたり、消費者から搾取することで生み出される利益は持続的ではないことに投資家は気がついています。

今後大きな価値を生み出すビジネスは、社会的価値の高いビジネスである可能性が高まっているのです。

自らが望む未来を実現してくれる会社に投資を行ない、そういう会社で働くことは方向性が完全に合致しているのです。それらの企業に労働力を提供し、それに見合った対価を受け取ることが、社会を豊かにし、自らを豊かにする最善の選択肢となるのです。

一九九〇年代にインターネット関連の企業に就職したり、積極的にIT技術を消費したり、労働力を提供していた人は、今まさに拡大する情報革命において、大きなアドバンテージを獲得できているのではないでしょうか。そういう知人、友人が皆様の周りにも少なからずいるのではないでしょうか。

現在の巨大企業であるGAFAMや、日本のエムスリー、楽天、日本電産の創業初期に就職し、それらの企業に投資をしていた人は、今大きな富と経験を手にしていることでしょう。これはなにも一九九〇年代後半にだけ存在していたボーナスタイムではないのです。今も同じように未来の社会を作り出す会社や事業が生まれ続けているのですから。

これらの消費や投資活動においてもう一つ重要なのは、一次情報に触れるよう心がけることです。今、社会には有象無象《うぞうむぞう》の情報があふれています。マス広告やSNSなどにあふれる情報で消費行動を決めてしまうと、資本主義の奴隷と化してしまうでしょう。価値観が刷り込まれ、この製品が優れている、この価格が妥当であるということが当然だと感じるようになってしまいます。これは企業がビジネスする上での常套《じょうとう》手段です。

消費は、投資や経営よりも優れた点がもう一つあります。投資や経営は失敗した場合のインパクトが大きいため、どうしても保守的になってしまう傾向がありますが、消費は日々行われるものです。少しずつ「考える消費」をしていくことで、失敗もしながら徐々に思考力を鍛え、自分自身の消費行動のミッションが出来上がってくると思います。

自分自身のミッションの形成とともに、投資家マインドが一人ひとりに醸成されていくのだと私は思います。

国が主導して市場を生み出す

今、脱炭素に向けて世界中が本気で動いています。これはまさに世界が「カーボンニュートラルの実現」というミッションを掲げて、あらゆるものがそれに従って動き出した事例だと思います。

二〇五〇年にそれを実現するため、まずは二〇三〇年に向けて、炭素排出が大きい業界を中心に様々な取り組みや方針が発表されています。

その代表的な動きとして、EUの欧州委員会は、二〇三五年までにHV（ハイブリッド車）を含めたガソリン車の販売を禁止すると発表しました。これにより、各国の自動車メーカーが一気にEV（電気自動車）への移行に向けて、バッテリーの向上など大型の設備投資を発表しています。

ＥＶが開発され、消費者がそれを購入し、徐々に市場が育ってきました。しかし同時に、ＨＶなど多様な選択肢がある中で、ガソリン車からの本格的な脱却には時間がかかっていました。

ヨーロッパの国々も日本と同様、世界的な自動車メーカーを複数抱え、産業としての依存度が高い状況でした。むしろＨＶ技術で先行する日本と比較すると、これまでは脱ガソリン車については保守的でした。

それがここにきて一気に、国と地域を挙げてＥＶを推進する方針を打ち出したのです。アメリカでは、カリフォルニア州を中心に一気に消費者がＥＶの社会性に賛同し、インフラ整備が進み、スタートアップのエコシステムと起業家の力により大きな流れを生み出し、Teslaという巨大な企業が生まれました。

アメリカにはまだインフラが未整備であるにもかかわらず高価な車を買える層が多数存在していました。そして、その未来に巨大なお金を投資できるエコシステム、つまり金融インフラが存在していました。また、これが国家にとっても巨大な産業となり得ると信じて、カリフォルニア州などはそれをバックアップするような法整備や規制緩和を行ないました。皆が、未来を創造し、それをバックアップする行動をとっているのです。アメリカにおけるスタートアップのエコシステムは強力で、それを消費する豊かな「考える消費者」が多く、新しい取り組みにとって不可欠な推進力を多方面から得ることができていません。

ヨーロッパは、アメリカほどはスタートアップ発での電気自動車化を推進できていませんでした。しかし、一定の消費者の脱炭素化や電気自動車への賛同を見て、EUや各国が一気にその方針を決めたのです。

政府が、消費者、有権者の声を力に方針を決めた背景には、世界中であふれるESG／SDGsの巨大な資金があることも見逃せません。世界が持続可能な社会の実現に向けた産業創出を熱望しており、国が後押しすれば一気に推進するという状況を見て、この政治的判断のアクセルを踏んだのです。


日本ではどうでしょうか。日産自動車のリーフなど早くから電気自動車の技術は開発され、実際に市場投入もされてきました。ただ、消費者の賛同というほど大きな流れは生み出せず、政府はむしろ「エコカー減税」などで日本の自動車メーカーが推進するHVの拡販を支援してきました。結果、電気自動車の普及は遅れてきたのです。

このケースでは、日本の消費者、企業、国は、欧米と比較すると短期志向に陥ってしまったと言わざるを得ません。

資本主義の世界においては、イノベーション（ここではＨＶ技術）を活用し、企業や国が主導して市場を生み出すことが可能です。これまでの社会よりも少し便利なモノ、価値が高いものであれば、経営が適切な値決めさえすれば、市場が生まれ、利益が生まれ、価値創造ができてしまうからです。

一旦市場ができればそれを拡大するために、多くの人材とお金の投資がなされ、その市場が拡大するメカニズムが内蔵されているのが資本主義です。

資本主義にこのような力があるからこそ、消費者はより賢くなければいけません。このような大きな産業インパクトがあり、政治判断が絡むような話であれば、選挙権を持つ有権者も賢くなければいけません。

残念ながら、Teslaやヨーロッパ地域の脱ガソリン車の判断により、日本の自動車産業はダメージを受けたと思います。この結果を招いたのは、国や企業の経営判断ではなく、私たち消費者なのだという意識を持たなければ、いつまでたっても消費者主導での持続可能な社会は実現できないと思います。

十年前に日本のスタートアップのエコシステムが拡大し始めた頃、それを支えたのは企業の資金です。ＶＣ（ベンチャーキャピタル）やＣＶＣ（コーポレートベンチャーキャピタル。大企業が自己資金でファンドを組成し、主に未上場のベンチャー企業に出資し、支援などする）にお金を流したことで、資金の供給量が増えてきました。これは資本主義的な取り組みです。他人任せではなく本気で再生可能エネルギーを普及させたければ、消費者それぞれが率先して再生可能なエネルギーを消費すればよいのです。これはエネルギー政策を推進したい政治家に一票を投じるよりも、簡単に社会的インパクトを創出できます。

今後は、社会課題の重要性を理解し、乗り越え、未来社会の原動力となる企業に、消費を通して売上をつけることだと思います。

不完全なサービスでも、一人ひとりの消費者の小さな「考える消費」が、実は大きなお金を動かし、イノベーションを加速させ、生産性を一気に向上させ、より安価で、より便利にサービスそのものが進化する原動力を生み出すのです。

投資家的視点で連携を促進していければ、日本の実体経済の大きさをもっと生かしていくことができるのではないでしょうか。

サステナブル資本主義における国家の役割

医療体制、交通インフラ、公教育の普及など、社会や生活インフラを整備する観点において、国家は重要な役割を果たしてきました。

資本主義やファイナンスの観点から言えば、企業がとれるリスクの量と期間を超えるプロジェクトに対し、国家は率先して役割を果たしてきたと言えるでしょう。

自動車の普及前は、これから自動車が普及し、個々人の二拠点間交通が自由にできる時代が到来することが明白でしたが、実際に自動車が走る道路について自動車メーカーに依存するには、あまりにも投資額が莫大であると考えられていました。

国家は赤字事業に対して国民から資金調達をし、インフラ投資を担ってきました。

企業が巨大化した現代ならどうでしょうか。確かに道路網の建設コストは巨額ですが、民間企業でできないわけではありません。インフラをグローバルな民間企業が担えるぐらいには企業は巨大化し、今後ますます巨大な力を持つようになっていくでしょう。

道路網はむしろ独占的なインフラになり得るため、今のGAFAM的な考えであれば、資金手当てさえなんとかなれば、道路網から抑えていこうという発想はあっさりと出てくるはずです。インターネットのインフラの重要性を感じたGoogleは、光ファイバー網を自ら敷設しようとしました。Amazonは、クラウドサービスに不可欠なインフラ、AWSを立ち上げ、巨大な投資により独占的なインフラを保有しました。

では、サステナブル資本主義において国家が果たす役割は何でしょうか。

私は、巨額な資金提供ではもはやなく、明確なミッションを掲げることだと考えています。社会的コストを加味して、長期的な取り組みを推進するにはミッションが不可欠です。求められているのは、十年単位のミッションではなく、世代を超えた百年単位のミッションです。短期間のミッションであれば、民間企業で達成できることが多い一方で、超長期になればなるほど一企業が担うには荷が重いことが増えてくるのです。

これを国家が明確に示すことができれば、あとは一人ひとりの国民が担ってくれます。消費や労働力の提供、また投資家として、その実現を後押ししてくれるはずです。

国は企業経営における経営者の役割が求められていると思います。その役割とは、ミッションを作り、ミッションに沿って人や社会から共感を集めていくことです。サステナブル資本主義や持続可能な社会を実現するためには、国家こそが共感性とミッションを最重要に掲げた存在であるべきだと思います。

私は、今の日本がコミットしていくべき領域、投資していくべき領域は以下の四つだと考えています。デジタル技術、生命科学、分子素材、経営。これ以外にも哲学や美術、歴史、数学や経済学といった基礎学問もますます重要になると考えていますが、これは今以上に投資するというよりも経営視点で取り込んでいくことが重要だと考えているので、四つ目の経営に内包されていると考えています。なお、経営にはファイナンスやデザイン、コミュニケーションといった領域も含まれています。

デジタル技術は言うまでもないと思いますが、情報科学、データ、ＡＩ、ソフトウェアやインターネット産業がなくなることはなく、これをいかに効率的に使いこなしていくかは引き続き重要だと思います。

生命科学は医療や健康、貧困や新型コロナのような感染症、あらゆる社会課題に密接に関わっていくため、今後もますます重要になると考えています。

そして分子素材。より広義に捉えて頂きたいですが、今後、ハードウェア技術の発展も期待されますが、そのブレークスルーを与えるのは分子素材です。

これらすべてに共通しているのは、人材育成という視点です。

日本が世界のリーダーとなるには、人材育成に長期的に取り組むことが大事です。全体の社会課題に対する認識を高めたり、基礎教養や基礎学力の底上げをすることも大事ですが、不可欠な人材分野に重点的に投資すべきだと思います。希少人材の獲得が激しくなっており、教育基盤を整えれば世界から新たな人材を獲得する呼び水にもなるからです。

デジタル人材は天才も必要ですが、数が必要にもなります。一部の天才が未来をこじ開けるでしょうが、それに続く人材も重要になります。例えば、IPS細胞の第一想起を取っただけで、世界をリードできるわけではないのです。経営は、社会に実装していく上で不可欠な人材であり、経営は一人ではできないため、これも人数が必要になります。

国家が示していくミッションは、今後の未来社会がどのようなものになっていくのかという未来図そのものです。その未来図を実現するために、どのような資産を国が保有していくべきかを次に考えます。

日本にはバランスシートに計上されていない、様々な資産が埋もれているはずです。それらの価値を正しく理解することがスタート地点なのです。最も注目すべきが人的資本であり、人的資本の価値をどう高めていくかということが企業の現場でも議論されています。最大の資産は人材であり、どう活用するかということが大事ではないでしょうか。

また、社会は日々刻々と変化していきます。求められるイノベーションやそれを実現しうる求められる人材もまた時代とともに変化していきます。

だからこそ、自由度が高い国になれば、それも大きな強みとなっていきます。集中的に人的資本に投資をするとは、専門性を高めるだけではなく、人的資本の流動性と柔軟性を高めるという視点も同時に大事になってくると思います。

日本はサステナブル資本主義のリーダーになれる

サステナブル資本主義の世界において、日本は間違いなくリーダーになれる素質を有しています。

そうは思えない方が多いとすると、その理由は、日本はこの三十年余り、リーダーというポジションから徐々に後退している実感があるからだと思います。加えて、日本の企業トップのリーダーシップ、国家のリーダーシップに対して懐疑的な気持ちがあるからかもしれません。

私は、サステナブル資本主義に移行していくために必要な要件を以下のように考えています。

・十分な人口を有していること
・個人が十分に豊かであること
・教育インフラを有し、教育水準が高いこと
・社会課題への共感力があること

・実行力があること

日本は一時期よりも低下傾向ですが、世界と比較しても高い水準にあることが分かります。必要なのは社会課題への共感力と実行力であり、国家や企業に期待するのではなく、一人ひとりの意識を変え、消費者主導で合意形成を促し、実行に導く必要があります。

資本主義のルールで世界と闘っていくのなら、それは簡単なことではないかもしれません。なぜなら、アメリカは大規模な資本力を武器に競争力を高めていくという資本主義のルールを最もうまく活用している国であり、中国は人口や経済力を武器に勝っていける国だからです。

ヨーロッパは一国一国は小さいため、連合としてそのリーダーシップを発揮しようとしています。米中欧と比較すると、資本主義のルールで闘うだけだと、後塵を拝するリスクは高いでしょう。

アメリカは大統領、中国は共産党と、明確な指揮系統とリーダーシップを前提とした仕組みを有しています。それぞれトップダウンで決められる範囲が日本よりも広い。

トップダウンで物事を決めることは、国民にとって一見怖いことのように思うかもしれませんが、私はそうは思いません。むしろトップの権限を奪うことで、現在の日本のように、責任が曖昧になってしまうリスクのほうが甚大だと考えているからです。一番のリスクは合意形成がされているにもかかわらず、異なる意思決定をしてしまうことです。トップに求めるのはステークホルダー全体の声を正しく聞き、意思決定できる能力です。投資家の視点で言うならば、意思決定の仕組みや権限、プロセスが曖昧な企業には怖くて投資できません。

では、日本は何を武器にグローバルのリーダーとして貢献していけるのでしょうか。その答えがサステナブル資本主義にあると思います。リーダーシップが弱い国だからこそ、個人が投資家マインドを持った消費の力で国家やリーダーを動かしていく必要性も感じているのです。

加えて、日本は島国です。多様性の普及に取り組んでいますが、基本的には均質性の高い国の一つです。豊かな国なので、トップダウンではなく、ボトムアップで未来の社会をつくっていくことができる数少ない国だと思います。

先ほど述べた四分野（デジタル技術、生命科学、分子素材、経営）等から、期待する人材やビジネスが出てくるでしょう。それに期待するだけではなく、一人ひとりがしっかりと考えて消費することで市場を創出することができれば、国や企業の難しい意思決定を大きく動かしていくことができるでしょう。そうすれば、お金は間違いなくそれを後押しする形で流れていきます。

人口の五％が「考える消費」をしていけるなら、大きな力になると私は確信しています。

今、時代は江戸時代末期から開国に向かった幕末に近いような気もしています。江戸時代は産業革命や軍事国家の流れもあり、国家の在り方を変えていく必要性を国民が感じ始め、ある一部の人々が強烈な危機感でそれを感じていた時代だったように思います。

日本は世界でも有数の安全と幸せを享受できる国だと思います。ただ、資本主義のルールにおいては徐々に競争力を失い、それが国防や経済力に表れてきています。このままでは、日本は諸外国に経済的に飲み込まれてしまうという危機感に襲われています。

だからこそ、今、新しい社会に向かって、一人ひとりの大きな意識変革が必要なのです。

サステナブル資本主義《しほんしゅぎ》

5%の「考《かんが》える消費《しょうひ》」が社会《しゃかい》を変《か》える

令和3年10月10日　初版第1刷発行

著者　村上誠典《むらかみたかふみ》

発行者　辻浩明《つじひろあき》

発行所　祥伝社《しょうでんしゃ》

〒101-8701 東京都千代田区神田神保町3-3

03(3265)2081(販売部)

03(3265)1084(編集部)

03(3265)3622(業務部)

印刷　萩原印刷

製本　ナショナル製本

ISBN978-4-396-61765-3 C0033

祥伝社のホームページ　www.shodensha.co.jp